O PSICOPEDAGOGO
NA ESCOLA

EDITORA AFILIADA

Coordenador do Conselho Editorial de Educação
Marcos Cezar de Freitas

Conselho Editorial de Educação
José Cerchi Fusari
Marcos Antonio Lorieri
Marli André
Pedro Goergen
Terezinha Azerêdo Rios
Valdemar Sguissardi
Vitor Henrique Paro

Dados Internacionais de Catalogação na Publicação (CIP)
(Câmara Brasileira do Livro, SP, Brasil)

Masini, Elcie F. Salzano
O psicopedagogo na escola / Elcie F. Salzano Masini. — São Paulo : Cortez, 2015.

ISBN 978-85-249-2355-5

1. Educação - Finalidades e objetivos 2. Psicologia educacional 3. Psicopedagogia I. Título.

15-04014   CDD-370.15

Índices para catálogo sistemático:
1. Psicopedagogia : Educação   370.15

Elcie F. Salzano Masini

O PSICOPEDAGOGO NA ESCOLA

O PSICOPEDAGOGO NA ESCOLA
Elcie F. Salzano Masini

Capa: de Sign Arte Visual
Preparação de originais: Jaci Dantas de Oliveira
Revisão: Alexandra Resende
Composição: Linea Editora Ltda.
Coordenação editorial: Danilo A. Q. Morales

Nenhuma parte desta obra pode ser reproduzida ou duplicada sem autorização expressa da autora e do editor.

© 2015 by Elcie F. Salzano Masini

Direitos para esta edição
CORTEZ EDITORA
Rua Monte Alegre, 1074 – Perdizes
05014-001 – São Paulo – SP
Tel.: (11) 3864-0111 / (11) 3611-9616
E-mail: cortez@cortezeditora.com.br
www.cortezeditora.com.br

Impresso no Brasil — maio de 2015

Este livro é dedicado ao ser humano.
Celebra sua possibilidade de aprender,
a cada momento, em situações e
períodos os mais adversos.
Louva o desvelamento incomensurável,
de sua potencialidade e flexibilidade.
Ilustra sua *Autopoiesis*: [...] em meio à
dureza e à rigidez do cimento, sua
natureza floresce.

AGRADECIMENTOS

A todos os autores que li e que nutriram minha reflexão sobre o ser que aprende e se transforma.

Às pessoas que integraram esta caminhada em diferentes momentos, ajudando a construí-la — meus alunos e colegas das universidades onde estes estudos e projetos sobre a Psicopedagogia educacional foram desenvolvidos: o Instituto Sedes Sapientiae, a Universidade São Marcos, a Universidade de São Paulo, a Universidade Presbiteriana Mackenzie.

A todos que com solicitude e disposição aproximaram-se desta área, buscando seus significados, aprofundando-os, ampliando-os, dando continuidade a estes estudos e apontando novas perspectivas para o processo de aprender e a amplificação de perspectivas do sentir, pensar e agir.

Aos que lutam por uma escola que propicie ao aluno o uso de sua capacidade de compreender, elaborar, refletir e escolher com autonomia a ação que assumirá em cada situação.

SUMÁRIO

Introdução 13

CAPÍTULO I
Breve histórico da Psicopedagogia

CAPÍTULO II
Psicopedagogia: embates e desafios

1. Embates 36
   1.1 Trajetórias paralelas: pesquisa e atuação
       psicopedagógica 36
       1.1.1 Entrecruzamento de paralelas de
             pesquisa e atuação psicopedagógica
             na escola 38
   1.2 Psicopedagogia segundo pedagogos e
       psicólogos 47

10   ELCIE F. SALZANO MASINI

2. Desafios 49

2.1   Identidade psicopedagógica *x* confusão
no desempenho entre áreas afins 49

2.2   Definições que usurpam a área da
Psicopedagogia e invadem outras áreas 52

2.3   Legislação: posicionamento da Associação
de Psicopedagogia, de educadores e de
psicólogos 55

CAPÍTULO III
Psicopedagogia educacional

1. Escola 62

1.1   A situação escolar: dados do cotidiano e
dados oficiais 66

2. Psicopedagogia Educacional 71

2.1   Especificidades da Psicopedagogia Educacional   72

    2.1.1   A natureza da aprendizagem 74

    2.1.2   Formação do psicopedagogo
educacional 77

3. O psicopedagogo na escola 81

4. Trajetória — percursos e percussões 82

4.1   Departamento de Psicologia Educacional
do Instituto Sedes Sapientiae 83

4.2   Curso pós *lato sensu* em Psicopedagogia 84

    4.2.1   Primeiro curso *lato sensu* em
Psicopedagogia no Brasil 84

O PSICOPEDAGOGO NA ESCOLA

4.2.2 Curso *lato sensu* em Psicopedagogia —
Universidade Presbiteriana Mackenzie... 85

Capítulo IV
Ilustrações de Psicopedagogia Educacional

1. Experiências transformadas em pesquisa 101

1.1 Uma experiência psicopedagógica em creche... 101

  1.1.1 Plano de formação das professoras......... 102

  1.1.2 Atuação das professoras junto às
    crianças...................................... 104

1.2 Experiência psicopedagógica na Educação
do Campo Capixaba.............................. 106

  1.2.1 Ação psicopedagógica...................... 108

2. Pesquisas.. 113

2.1 Percepção, concepção e práticas de professores
sobre dificuldades de aprendizagem................ 113

  2.1.1 Ação psicopedagógica junto às
    professoras................................ 114

2.2 Psicopedagogia na escola — buscando
condições para a aprendizagem significativa...... 116

  2.2.1 Área de "Comunicação e Expressão".... 120

  2.2.2 Área da "Matemática".................... 122

Considerações finais........................... 127

Glossário...................................... 131

Referências.................................... 135

INTRODUÇÃO

O propósito deste livro é apresentar um enfoque da Psicopedagogia: o Educacional.

Seu escopo é delinear, para discussão, uma ação psicopedagógica que busca salvaguardar a identidade do aprendiz,[1] e esboçar as condições em que este possa atuar e pensar sobre a dimensão e, a importância de suas ações. O termo condições refere-se àquelas que, mesmo precárias, ajudam o desenvolvimento e a aprendizagem da criança, do jovem, do adulto, do idoso. Não há um posicionamento utópico de esperar que ocorram condições educacionais ideais, envolvendo mudanças de estrutura social, política e econômica, para então pensar no desenvolvimento das condições para o aprender.

Sem perder de vista as limitações impostas pela estrutura do sistema educacional, no qual a escola está in-

---

1. Aprendiz utilizado no sentido geral do "ser que aprende"; ser social que sempre fala e pensa a partir do contexto cultural a que pertence.

14 ELCIE F. SALZANO MASINI

serida, este enfoque ilustra possibilidades do trabalho de Psicopedagogia nessa instituição.

Com vistas a facilitar a compreensão do enfoque aqui proposto, esta obra está estruturada em quatro Capítulos. O Capítulo I apresenta um breve histórico da Psicopedagogia — origens, rumos e veredas — de interpretações e atividades nessa área e características de Centros de Estudo e Atendimento Psicopedagógicos de alguns países da Europa e do Brasil. O Capítulo II expõe e discute embates e desafios da Psicopedagogia. O Capítulo III delineia e fundamenta esta proposta de Psicopedagogia Educacional. O Capítulo IV apresenta dados de pesquisas que focalizam o aluno em situações de aprendizagem e registra o que ocorreu em classe na relação professor — aluno em diferentes momentos do ano letivo — uma forma de investigação que lida com a complexidade das condições em vez de deter-se em reduções ou simplificações de aspectos isolados. As pesquisas que compõem o Capítulo IV ilustram este enfoque de Psicopedagogia proposto. Nos relatos, descritos e analisados neste capítulo, procura-se recriar a vivência das pesquisadoras (psicopedagogas) bem como dos pesquisados (professoras e alunos).

O acompanhamento às professoras, feito em grupos de discussão, revelam: o convívio passo a passo com os conflitos surgidos nas situações de classe; o assumir as transformações necessárias; a busca de recursos apropriados às demandas emergentes.

O PSICOPEDAGOGO NA ESCOLA 15

Os registros e análises cuidadosos das situações vividas na escola colocam em evidência as diferentes maneiras de o aluno lidar com o que lhe é ensinado, mostrando as implicações das atitudes das professoras e das condições fornecidas pelas escolas no processo de aprendizagem.

Esta abordagem em Psicopedagogia traz à baila questões ligadas à instituição escolar e sugere perguntas do tipo: Tem a escola acompanhado o processo de aprendizagem do aluno e suas dificuldades emergentes? Como tem lidado com elas? Como isso tem sido feito?

Essas perguntas reiteram o fio condutor de uma trajetória em busca de definições de condições, métodos e recursos apropriados à ocorrência de aprendizagem, na situação educacional brasileira, quer para o trabalho na escola, quer para a pesquisa.

Esta obra põe em evidência esse fio condutor, com o propósito específico de deixar claras as condições necessárias para que o aluno aprenda de forma significativa — fazendo uso de sua compreensão e elaboração — em classe, quer na escola pública, quer na privada.

Capítulo I

Breve histórico da Psicopedagogia

18   ELCIE F. SALZANO MASINI

Concebe-se, nesta obra, a Psicopedagogia como a área que estuda e lida com o processo de aprendizagem e suas dificuldades, em concordância como a definiu a Associação Brasileira de Psicopedagogia em 1990. Com vistas a facilitar a compreensão do enfoque aqui proposto, são retomados, neste capítulo, alguns dados históricos referentes a esta área de estudos.

As obras dos médicos no final do século XVIII e início do século XIX, na Europa, deram ênfase às causas orgânicas como responsáveis pelos comprometimentos do aluno na área escolar. Essa linha que procurava identificar no físico daquele que aprende as determinantes de suas dificuldades nesse processo e pautava-se pela ênfase ao diagnóstico pode ser encontrada no histórico da Educação Especial[1] e também no da Psicopedagogia, como evidenciam os dados a seguir.

Na Educação Especial, Esquirol (1774-1840) frisou a importância da diferenciação entre confusão mental pas-

---

1. Educação Especial é a área que estuda formas de atendimento e recursos para responder às necessidades educacionais dos alunos excepcionais, quando estes não são beneficiados com os recursos educacionais comuns (Mazzotta, 1982).

sageira, loucura como perda irremediável da razão e idiotia (provocada pela ausência do desenvolvimento da inteligência na infância). Mostrou, por um lado, a necessidade do diagnóstico para sua identificação e, por outro, considerou requisito para se trabalhar com o idiota a avaliação do rendimento escolar.

Itard (1774-1838), no estudo de Victor (o menino "selvagem de Aveyron"), não aceitou o diagnóstico feito por Pinel, que classificou Victor de idiota sem nenhuma possibilidade. Fez então sua própria avaliação, como médico sensorialista e organicista, e lançou os fundamentos de uma didática para trabalhar com o deficiente mental, hoje denominado deficiente intelectual.

Seguin (1812-1880), discípulo de Itard, inovou a teoria de Esquirol, fazendo distinção entre idiotia, imbecilidade, debilidade mental, considerando-as enfermidades diferentes e de diferentes etiologias. Afirmou que, qualquer que seja o gênero de dificuldade, o indivíduo é educável, importando saber o *quantum* de inteligência ele dispõe, o grau de comprometimento das funções orgânicas relevantes para a instrução pretendida e a habilidade na aplicação do método educacional. Com essas afirmações, pôs em relevo a importância do diagnóstico médico. Dessa forma, os médicos educadores acentuaram, na ação pedagógica, a questão do saber como tratar, tomando a ação do pedagogo vinculada à do médico.

Essa mesma linha diagnóstica permaneceu nos Centros Psicopedagógicos nas décadas de 1940 a 1960 na França.

Em 1946, em Paris, criou-se o Primeiro Centro Psicopedagógico com o objetivo de desenvolver trabalho cooperativo médico-pedagógico para crianças com problemas escolares, ou de comportamento. Mais especificamente, essas crianças eram definidas como aquelas que apresentavam doenças crônicas como diabetes, tuberculose, cegueira, surdez ou problemas motores, e cujo atendimento tinha em vista a melhora de seu estado geral de saúde.

Mauco (diretor dos Centros Pedagógicos Claude Bernard, da Academia de Paris), em publicação que será citada mais adiante, esclarece que a denominação "psicopedagógico" foi escolhida, em vez de "médico-pedagógico", porque os pais enviariam com mais facilidade seus filhos a uma consulta psicopedagógica do que a uma consulta médica. Os centros contavam com equipes de médicos, psicólogos, psicanalistas, pedagogos, reeducadores de psicomotricidade, da escrita e grafia. Nesses centros, o médico era responsável pelo diagnóstico. Para refazê-lo ele examinava os resultados da investigação familiar, condições de vida, atmosfera familiar, relações conjugais, métodos educativos, resultados de testes de QI. Convém lembrar que nas décadas de 1940 e 1950 os testes de inteligência, para medir o quociente intelectual, eram considerados de alta credibilidade. Após o diagnóstico baseado nesses dados, o médico dava orientação para o tratamento, quer de reeducação, quer de terapia. Havia casos que às vezes dispensavam a orientação terapêutica, como, por exemplo, o das crianças que apresentavam problemas sensoriais.

Nesse enfoque de trabalho, o diagnóstico pedagógico visava esclarecer a inadaptação escolar e social e corrigi-la. O título da publicação de Mauco (1964) sobre os centros psicopedagógicos ilustra isso: *A inadaptação escolar e social e seus remédios*[2] (tradução nossa). Cabe lembrar que essa visão diagnóstica dos centros psicopedagógicos encontra seguidores ainda nos dias de hoje.

Essa concepção de diagnóstico — prescrição, tratamento, envolvendo prognóstico — traz implícita uma concepção funcionalista de educação, que entende a formação do homem determinada pela sociedade já estruturada, à qual ele deve adaptar-se.

Na França, desde a década de 1960, nem todos concordavam com essa conceituação diagnóstica, quer na área da Psicologia, quer na área da Educação, como se pode verificar pelos dados a seguir. Vasquez e Oury (1977) questionaram a Educação e a Psicologia, afirmando que medir, observar, testar, rotular o aluno individualmente, sem conhecer o funcionamento de sua classe na escola, podia levar a dissertações abstratas. Renunciando ao enfoque tradicional, desenvolveram um trabalho de Pedagogia institucional, no qual o pedagogo e a psicóloga conviviam com professores e alunos, participando de todas as atividades. Manonni (1964, 1967, 1973) reiterava essas críticas ao afirmar que todos sabiam falar de diagnóstico e encaminhar para a reeducação, para adaptar a criança

---

2. *L'inadaptation scolaire et sociale et ses remedes.*

ao que, a sociedade e a escola esperavam dela. Para a autora, isso não era educar, mas forçar a criança a se submeter, docilmente, às instituições que reproduziam os valores sociais, adestrando-a à sociedade em que deveria ser eficiente. Neste sentido, o diagnóstico era realizado para apontar como a criança deveria ser orientada a fim de desempenhar um papel predeterminado. Essa autora, em suas obras, criticava o diagnóstico que fragmentava a criança e depois a encaminhava para atendimentos de especialidades múltiplas, com a finalidade de readaptá-la.

O "Centro de Pesquisa de Educação Especializada e de Adaptação Escolar", do Instituto de Pesquisa e Documentação Pedagógica de Paris, lançou em 1972 a publicação resultante de um debate confrontando dois representantes de posições opostas sobre o tema "problema escolar *x* inadaptação-patologia". Na defesa do estudo da inadaptação estava Heuyer (1966), um dos mais eminentes neuropsiquiatras infantis, na França, que reprovava nos pedagogos suas atitudes "antimédicas", e afirmava que o pedagogo, ao reivindicar a criança inadaptada como propriedade sua, mostrava que ignorava o que era criança inadaptada, de onde vinha a inadaptação e quais as medidas necessárias para sua readaptação. É necessário esclarecer que Heuyer denominava inadaptadas ou deficientes aquelas crianças que manifestavam dificuldades e atraso escolar. Frisava a importância do psiquiatra infantil para fazer um diagnóstico completo, estabelecer a etiologia e avaliar os diversos elementos orgânicos e psicológicos que poderiam; servir de base ao tratamento médico ou a uma educação apropriada. Em posição oposta a esta, aparecia Bloch Laine (encarregado pelo então primeiro-ministro francês de estudar os problemas gerais de inadaptação). Laine mostrava que essa concepção de inadaptação não podia mais ser feita sem discussão; não se podia atribuir à patologia das crianças os fracassos escolares, pois a escola estava caracterizando-se pela massificação de seus fracassos.

Esta questão do fracasso, que pôs em xeque a crença no diagnóstico, apareceu em diferentes locais. No Brasil, Patto (1988) focalizou o assunto do ponto de vista da política educacional, ao referir-se à "produção do fracasso"; Fonseca (1987) apontou o problema das responsabilidades para lidar com o fracasso escolar; Collares (1989) retomou o tema, discutindo-o frente às questões de ordem orgânica e social. Essas autoras são citadas para ilustrar a tendência a enfocar o processo enfatizando o aspecto social, em vez de se restringir, apenas, à análise dos fatores intrapsíquicos, orgânicos e familiares.

É importante assinalar que, tanto no Brasil como em outros países, dados anteriores do histórico da Psicopedagogia revelavam "tendência de trabalho preventivo" nessa área, conforme segue.

Na Áustria, as Clínicas Pedagógicas, fundadas em Viena em 1920 e dirigidas por Adler (1965, 2011), objetivavam fundamentalmente orientar professores para trabalharem com dificuldades educacionais dos alunos. Esse médico e psicólogo austríaco notabilizou-se por sua obra

24 ELCIE F. SALZANO MASINI

original nas áreas de psicoterapia e pedagogia. No Brasil, em 1958, foi criado o Serviço de Orientação Psicopedagógica (SOPP) da Escola Guatemala, na Guanabara (Escola Primária Experimental do Inep) cujos objetivos centrais eram: melhora da relação professor-aluno; criação de um clima mais receptivo para o aprendiz, aproveitando sua "bagagem". O SOPP trabalhava junto à professora, para que ela pudesse ampliar suas próprias condições de respeitar e aproveitar a experiência do aluno. O serviço contava inicialmente com uma profissional formada em Pedagogia e Psicologia e, posteriormente, recebeu a colaboração de outra profissional com a mesma formação, segundo Albuquerque (1972). Assim, o SOPP propôs-se a fazer um acompanhamento psicológico da professora, desenvolvendo ação primordialmente preventiva. Tanto as clínicas pedagógicas de Viena como o SOPP, na então Guanabara, constituem marcos do surgimento da Psicopedagogia nesses países e revelam a concepção de que este é um trabalho a ser desenvolvido na Escola.

Nas décadas de 1960 e de 1970, na Europa, e de 1980, no Brasil, enfatiza-se o aspecto social ligado ao fracasso escolar. O Ministério de Educação da França, conforme já citado na p. 12 mostrou que mais de 50% das crianças não faziam o primário no tempo estabelecido, como apontavam também os dados do Instituto de Estudos e Pesquisas Educacionais do MEC (Inep), sobre a escolarização no Brasil.

A questão do fracasso pôs, dessa forma, em xeque a crença no diagnóstico e contribuiu para que a Psicopedagogia entrasse em outra fase.

No Brasil, as fases da Psicopedagogia assemelharam-se às que ocorreram na Europa, embora em décadas posteriores. Os primeiros registros de atividades de uma psicopedagoga, na clínica psicológica da PUC-SP — Genni C. Moraes — dizem respeito ao atendimento a alunos com dificuldades para aprender. A trajetória dessa pioneira na área ilustra dados sobre a história da Psicopedagogia no Brasil; apontava essa autora que as dificuldades para aprender eram atribuídas a uma inaptidão ou distúrbio do aluno, o que o impedia de aprender como seus pares, sendo as causas depositadas principalmente nele. Os primeiros psicopedagogos eram profissionais da educação que queriam ajudar na reintegração daqueles que estavam à margem. Assim, na própria prática eram encontradas as técnicas que melhor atendessem à necessidade do aprendiz para reeducá-lo de forma mais eficaz e específica. Buscavam, esses psicopedagogos, entender melhor as questões referentes às dificuldades estudando psicologia, neurologia, psicomotricidade. Para formar esses profissionais surgiram cursos de extensão de professores brasileiros com experiência em atendimento a crianças com dificuldades escolares e professores estrangeiros, principalmente da França e Argentina.

Na década de 1970, começaram os cursos de especialização, com profissionais experientes na área de Educação, de Psicologia de aconselhamento escolar e de aprendizagem. Foram, concomitantemente, desencadeadas várias pesquisas sobre aprendizagem e sobre alunos de escolas públicas: Poppovic (1971, 1972, 1974, 1977, 1979), Ronca

(1976), Masini (1976), Oliveira Neto (1976), Saad (1977), entre muitas outras. Essas investigações juntamente com as que discutiam o tema frente às questões de ordem orgânica *versus* social, como as de Patto (1988, 1990), focalizando o fracasso escolar e o discurso que evidencia os padrões estabelecidos. Surgia dessa forma no Brasil, como em outros países, o que alguns denominavam tendência de trabalho preventivo em Psicopedagogia.

Segundo dados do Plano Trienal 1980/82 da Secretaria de Estado dos Negócios da Educação de São Paulo registrava-se um índice de 34% de repetência e 4,6% de evasão nas séries iniciais nas escolas oficiais do Estado. O *Boletim Informativo* da Secretaria Municipal de Educação da Prefeitura de São Paulo, do primeiro trimestre de 1981, apontava um índice de 36,72% de repetência e 5,69% de evasão nas séries iniciais das escolas municipais da cidade de São Paulo. Em 1999, o Instituto Nacional de Educação e Pesquisa (Inep/MEC) registrava, sobre a aprendizagem nas escolas públicas, que o percentual de alunos que estavam acima da idade correta era de 45,8% na primeira série do Ensino Fundamental, 69,2% na quinta série e 67,5% no Ensino Médio. Os dados de escolarização no Brasil em 2001 (MEC) apontavam as seguintes porcentagens de alunos com idade acima do esperado no ensino fundamental, em cada série: primeira, 25,3%; segunda, 31,9%; terceira, 38,0%; quarta, 39,4%; quinta, 50,0%; sexta, 45,0%; sétima, 45,5%; oitava, 45,7%. Essas porcentagens cresciam em cada série devido ao número de reprovações acumuladas, que em outras palavras significava fracasso escolar.

Esses dados, em anos sucessivos, validavam os questionamentos às "patologizações" como gênese do fracasso escolar e o fato de os problemas de aprendizagem serem investigados com enfoque exclusivo nos fatores individuais do aluno. O ponto nevrálgico da questão passou a ser o papel da escola para efetivo preparo da clientela que a frequentava, analisando a adequação da estrutura e funcionamento dessa instituição, do currículo e das condições de preparo do professor e de ensino aí propiciadas. A escola passou a ser vista como uma das instituições de uma comunidade ligada por uma trama de valores, hábitos, linguagem, conceitos, padrões de comportamento. Ampliaram-se os temas e passaram a serem pesquisados também os fatores intraescolares e os de ordem social, econômica e política envolvidos na aprendizagem. As pesquisas desencadeadas a partir da década de 1970 já assinalavam essa mudança de enfoque. É importante esclarecer que não se está negando a existência de distúrbios ou transtornos neurológicos desencadeadores de problemas de aprendizagem. Aquele que aprende, com essas condições, merece atenção e demanda conhecimentos específicos para seu atendimento psicopedagógico. O que importa frisar é que esses casos constituem pequena porcentagem dos fracassos na escola. Ciente disso, a Psicopedagogia ampliou seu campo de atuação, deixou de focalizar o problema para focalizar o aprendiz, considerando-o na sua totalidade corporal, afetivo-social, cognitiva, como ser social de um específico contexto.

Capítulo II

Psicopedagogia:
embates e desafios

As publicações em livros e revistas especializadas em Psicopedagogia, no Brasil e na Europa, assinalam décadas de existência desta área de estudos. Esses anos, no entanto, não foram suficientes para uma clara delimitação da identidade da Psicopedagogia, em meio a discussões e embates: com seus pares, sobre fins, locais, modalidades e recursos de atuação; com outros profissionais, sobre a especificidade de seu objeto de estudos e campo de atuação. Em meio a esses diferentes embates, entre seus pares há concordância que a Psicopedagogia entrelaça teoria e prática e lida com questões referentes à aprendizagem — processo que acompanha o ser humano do seu nascimento à sua morte. No convívio com outros profissionais persistem mais discordâncias e desafios.

Identificando a aprendizagem como objeto de estudos, assume a Psicopedagogia um dos maiores desafios que países desenvolvidos e em desenvolvimento, no contexto do século XXI, vêm enfrentando: o de buscar, sistematizar e explicitar a fundamentação e as condições requeridas para que ocorra o conhecimento como expressão de uma compreensão individual e cultural; o de deslocar o estudo esquematizado e abstrato da aprendizagem, para o sujeito do conhecimento na complexidade da sua subjetividade de ser social, nas inter-relações corporais, afetivas e cognitivas, individuais e coletivas; o de enfatizar a dimensão existencial do conhecer, unindo áreas do conhecimento na busca de uma compreensão dessa experiência vivida. Isso requer aprofundamento de estudos e realização de investigações teoricamente fundamentadas — que deem validade a registros e análise de dados sobre o ato de aprender e seus bloqueios — tendo em vista a complexidade das relações de quem aprende com aqueles com quem convive e com o mundo cultural e social em que vive. Discutir os encaminhamentos de pesquisas realizadas frente a esse contexto é o tema deste capítulo.

A Psicopedagogia, conforme exposição no Capítulo I, surgiu da necessidade de atendimento e orientação a crianças que apresentavam dificuldades ligadas à sua escolarização, mais especificamente à sua aprendizagem. Procurava-se saber por que ocorria essa problemática, avaliando e diagnosticando a criança, física e psiquicamente. Envolvidos nessa busca estavam professores, psicólogos, médicos, fonoaudiólogos, psicomotricistas. Nessa primeira etapa da história da Psicopedagogia, todo diagnóstico recaía sobre a criança, o que implicitamente significava que nela estava o problema e implicava uma concepção de educação cujo objetivo era de que o homem se adaptasse à sociedade. O Quadro 1 mostra essa tendência na Europa, nas décadas de 1920 e 1940, presentes, ainda, na década de 1960, em Mauco (1964) — diretor dos Centros Psicopedagógicos da Academia de Paris;

Quadro 1
Breve esboço de uma linha histórica da Psicopedagogia na Europa

1920 Áustria	1946 Academia de Paris	Década de 1960	Década de 1970
Clínicas Pedagógicas para orientação de professores para trabalharem com dificuldades educacionais.	1º Centro Psicopedagógico "Claude Bernard"— para crianças com problemas escolares e/ou de comportamento. Mauco (1964), diretor dos Centros Pedagógicos, afirmava ser o médico o responsável pelo diagnóstico e orientação para o tratamento e reeducação. O diagnóstico pedagógico visava esclarecer a inadaptação escolar e social e corrigi-la.	Vasquez e Oury (1967) discordam da concepção diagnóstica e questionam a Educação e a Psicologia, no uso de referências padronizadas, descontextualizadas. Desenvolvem Pedagogia, institucional. Manonni (1964, 1967, 1973) reitera essas críticas ao diagnóstico que fragmenta a criança e encaminha à reeducação para adaptá-la à sociedade.	Instituto de Pesquisa e Documentação Pedagógica de Paris publicou, em 1972, debate sobre o tema "problema escolar x inadaptação-patologia". O encarregado do primeiro-ministro francês mostrava que o excessivo número de fracassos na escola não podia ser atribuído à patologia da criança. Isso pondo em questão as "patologizações" ligadas ao fracasso e surge a ênfase ao aspecto social.

Fonte: Organização da autora a partir das referências que constam nesta obra.

O PSICOPEDAGOGO NA ESCOLA   33

discordâncias, já, na década de 1960 sobre essa concepção de diagnóstico e na década de 1970 a ênfase no aspecto social, sob a orientação do governo francês.

No Brasil, como mostra o Quadro 2, as fases da Psicopedagogia assemelham-se às que ocorreram na Europa, embora em décadas posteriores. Os primeiros registros de atividades em Psicopedagogia ocorreram na Clínica de Psicologia da PUC-SP, realizados pela pedagoga Genni Colubi Moraes e pela psicóloga Ana Maria Poppovic a respeito de atendimento a alunos com dificuldades para aprender, acompanhados de publicações a respeito (Moraes, 1973, 1981; Moraes e Poppovic, 1966).

As primeiras atuações na área da Psicopedagogia eram realizadas por profissionais da educação ou da psicologia, que queriam ajudar na reintegração daqueles que estavam à margem. Assim, na própria prática eram encontradas as técnicas que melhor atendessem à necessidade do aprendiz para reeducá-lo de forma mais eficaz e específica. Buscava-se entender melhor as questões referentes às dificuldades estudando psicologia, neurologia, psicomotricidade. Para formar esses profissionais, surgiram cursos de extensão de professores brasileiros com experiência em atendimento a crianças com dificuldades escolares e professores estrangeiros, principalmente da França e Argentina.

Os Quadros 1 e 2 evidenciam que a descrença no diagnóstico restrito à avaliação física e psicológica da criança ocorreu na Europa e também no Brasil, tendendo

Quadro 2

Breve esboço de uma linha histórica da Psicopedagia no Brasil

Década de 1950	Década de 1970	Década de 1980
Genny Golubi de Moraes, psicopedagoga de 1959 até 1996. Trabalho pioneiro de aprendizagem escolar de crianças, na Clínica Psicológica da PUC-SP, convidada por Ana Maria Poppovic. Atendia crianças, em grupos de 5, dando exercícios gráficos e corporais para a lateralidade. As crianças eram observadas em atividade, para ser identificada qual era a dificuldade de cada uma e se seria necessário atendimento separado do grupo. Coordenou a formação em Psicopedagogia nessa Universidade. Recebeu influência marcante da Psicopedagogia francesa. Formava, em geral, pedagogas, afirmando o que as psicólogas, de modo geral, não se interessavam por esta área.	Ana Maria Poppovic interessa-se pela Psicopedagogia, realiza pesquisas e publica livros e artigos sobre realização escolar, criança culturalmente marginalizada, escola, comunidade, currículo, orientação cognitiva, ensino — aprendizagem. Início de Cursos de Especialização em São Paulo (Instituto Sedes Sapientiae) (Masini, 1978). Objetivo: fornecer recursos a profissionais para compreenderem e lidarem com o processo de aprendizagem: condições que facilitassem o processo e recursos que prevenissem problemas, em situações reais (Vassimon, 1979). Objetivo: formar educadores especializados capazes de lidar com adaptação e reintegração dos alunos, nas defasagens de aprendizado. Integravam-se, na prática, mecanismos psicológicos e construções do conhecimento além dos fundamentos pedagógicos (Carvalho et al. 2005). Início de dissertações, pesquisas, publicações sobre processo de aprendizagem e relações professor-aluno (Ronca, 1976; Masini, 1976; Oliveira Neto, 1976; Neves, 1977; Saad, 1977).	Fundada a Associação Estadual de Psicopedagogia de São Paulo (1980). Início da publicação do Boletim da Associação de Psicopedagogia, (1982). Publicações: artigos em Periódicos e livros. Patto e Gatti, 1981; Moreira e Masini, 1982; Patto, 1988, 1990. Primeiro curso pós *lato sensu* em Psicopedagogia, em 1985, na Universidade São Marcos — cidade de São Paulo. Atendimentos a alunos universitários com dificuldades de aprendizagem em Centro de Atendimento em Psicologia Educacional (Cape), Universidade São Marcos (Masini e Baptista, 1988). Associação Estadual de Psicopedagogia passa a ser Associação Brasileira de Psicopedagogia, em 1988, com núcleos em vários Estados.

Fonte: Organização da autora a partir das referências que constam nesta obra.

O PSICOPEDAGOGO NA ESCOLA   35

a ampliar os elementos envolvidos na problemática do mau aproveitamento e fracasso escolar. Surgia, assim, a tendência a enfocar o processo de aprendizagem no aspecto social, abrangendo a política educacional e questões de alimentação e contextos de vida.

O Quadro 2 assinala a convivência de trajetórias paralelas, isto é, o caminhar sem complementaridades das pesquisas referentes à aprendizagem e das atividades, organizações e entidades dos que atuavam em Psicopedagogia.

O Ministério de Educação da França, no documento já citado, mostrou que mais de 50% das crianças não faziam o ensino fundamental no tempo estabelecido, como apontam, também, os dados da escolarização no Brasil. O ponto nevrálgico da questão passou a ser o papel da escola para efetivo preparo da clientela que a frequentava, analisando-se nesse sentido a adequação da estrutura e funcionamento dessa instituição, do currículo e das condições de ensino aí propiciadas. Dessa forma, os problemas de aprendizagem deixaram de ser investigados com enfoque exclusivo nos fatores individuais do aluno. A escola passou a ser vista como uma das instituições entre outras que compõem uma comunidade ligada pela trama constituída pelos seus valores, hábitos, linguagem, conceitos, padrões de comportamento. Ampliaram-se os temas e passou-se a pesquisar também os fatores intraescolares e os de ordem social, econômica e política envolvidos na Educação. As pesquisas desencadeadas a partir da década de 1970 já assinalavam essa mudança de enfoque.

1. Embates

1.1 Trajetórias paralelas: pesquisa e atuação psicopedagógica

Por que isso ocorria? Por que pesquisadores de renome nacional, como Poppovic, cujas contribuições referentes a processos de aprendizagem foram e são reconhecidos nos meios acadêmicos, ficavam no esquecimento e não apareciam como referências em Psicopedagogia? Por que as pesquisas de dados da realidade brasileira, ligadas ao objeto da Psicopedagogia, não eram utilizadas ou referendadas pelos psicopedagogos? Caberia perguntar se a procura da identidade da Psicopedagogia, no Brasil dispersava-se em dados importados, desatenta às investigações na realidade nacional.

É relevante lembrar que foi coletando dados do próprio contexto social, organizando-os e sistematizando-os, que as ciências sociais em cada comunidade científica fortaleceu-se e sua contribuição passou a ser reconhecida pelos pares da própria comunidade científica. São retomados, nesse sentido, os comentários de Erney Plessmann Camargo, presidente do CNPq, nos anos de 2004 a 2007, sobre a necessidade da união na comunidade científica para um aperfeiçoamento do sistema de avaliação de sua produção, contemplando tanto aspectos quantitativos como qualitativos e discutindo os conceitos e critérios dessa avaliação de sua produtividade científica. Para esse

O PSICOPEDAGOGO NA ESCOLA 37

processo de avaliação, a comunidade e as sociedades científicas deveriam participar ativamente e conjuntamente. A partir dessas ideias de um experiente pesquisador, presidente de uma das mais renomadas instituições responsáveis por pesquisas no território nacional, é válido perguntar: O que significa essa trajetória paralela que o Quadro 2 evidencia? De que forma isso poderá estar refletindo no reconhecimento da Psicopedagogia como área de estudos com seu próprio objeto de investigação?

Estudiosos e pesquisadores, sem dúvida, precisam ter acesso à bibliografia especializada e a pesquisas realizadas em outros países. Da mesma forma, oportunidades de cursos e encontros com autoridades em áreas de estudo de outros países são, sem dúvida, essenciais para a evolução de uma área de conhecimento. Há, no entanto, necessidade de cuidado e vigilância para não se perder de vista o próprio referencial social, cultural, econômico, de valores, de hábitos de linguagem — referencial que assegura a identidade cultural — individual, e coletiva do conhecimento. Comunicar-se preservando a própria língua é um indicador do cuidado com a própria identidade, como pessoa e como profissional.

Nesse sentido é indispensável perguntar: por que alguns psicopedagogos adotam, sem titubear, termos da língua estrangeira como ensinante, ensinagem e aprendente que não constam no *Dicionário da língua portuguesa do Brasil*? Esta não constituiu, nem constitui uma questão que mereceu atenção da Associação Brasileira de Psico-

38   ELCIE F. SALZANO MASINI

pedagogia, ao continuar publicando artigos que usam esses termos, como ilustra sua revista número 92 (2013), comemorativa dos seus trinta anos.

1.1.1 Entrecruzamento de paralelas de pesquisa e atuação psicopedagógica na escola

Em Psicopedagogia, a planificação, quer da atuação profissional quer da pesquisa, é diretamente ligada às demandas, reagrupadas e centralizadas a partir de observações e solicitações de professores, coordenadores, gestores. Um item importante a ser acordado, sob pena de destruir o que faz a originalidade e a fecundidade de todo trabalho no domínio científico, é de assegurar seu caráter desinteressado e livre.

Henriot (1967) apontou alguns problemas de pesquisa em Psicopedagogia, distinguindo, de um lado, os de ordem prática, ou técnicos, considerados por ele fáceis de resolver e, de outro lado, os problemas de ordem teórica, ou filosófica, para os quais a resolução parecia menos fácil. Nesse sentido, apontou como questão de ordem prática a diferença entre Psicopedagogia e pesquisa experimental.

— A Psicopedagogia tomando como objeto o estudo do comportamento e a reação do aluno frente ao ensino recebido e a emoção manifestada diretamente na tarefa de seu trabalho escolar. O estudo analítico, das causas do

O PSICOPEDAGOGO NA ESCOLA

erro e insucesso, propiciando o aparecimento das razões do fracasso e contribuindo para que um maior número de alunos tenha resultado mais satisfatório.

— A pesquisa colocada sob o plano da experimentação, apoiando-se sobre os princípios fundamentais do método experimental e procedendo em três tempos: observação dos fatos, levantamento de hipóteses, verificação de uma ou mais consequências significativas das hipóteses. Nesse enfoque, emprega ou deveria empregar método essencialmente comparativo entre amostras homogêneas quanto ao sexo, à idade, ao nível de inteligência, meio sociocultural etc.

O autor não faz referência à possibilidade de o entrelaçamento dos dados registrados do trabalho psicopedagógico constituírem elementos da pesquisa na área. Suas observações sugerem, assim, uma concepção de que atividade psicopedagógica e pesquisa psicopedagógica caminham paralelamente, sem complementações.

Quanto aos problemas teóricos, aponta três itens:

1) O enfoque experimental em Psicopedagogia é muito simplista para lidar com o aluno em situações educacionais, ao restringir-se ao estudo das estruturas e leis do funcionamento do intelecto humano e a aplicação imediata destas para orientar ou modificar a ação educacional. A ação educativa, como toda ação cultural contemporânea, diz respeito à existência do sujeito que se encontra na situação.

2) Toda ação educativa funda-se em uma complexidade de ideias, que não pode ser imediatamente deduzida de dados objetivos — fatos e leis. O conjunto de ideias está implícito na dialética da ciência e da tecnologia. A ação educacional não pode ser considerada uma aplicação pura da psicologia.

3) Em que termos se coloca o problema das relações entre a teoria (ou talvez a pesquisa) e a prática? Não há, na escola, de um lado, o laboratório no qual se consagram as pesquisas teóricas ou experimentais e, de outro, a classe onde o professor não faz senão aplicar puramente os resultados obtidos pelos pesquisadores. É sempre necessário priorizar a ação educacional sobre a pesquisa. Ideal seria colocar isso em prática em termos de Psicopedagogia, considerando as relações recíprocas entre pesquisadores e educadores.

O registro do que ocorre entre o(a) professor(a) e os alunos em situações de aprendizagem em sala de aula é uma rica fonte para a análise do tipo de ensino e condições oferecidas aos alunos em seu processo de aprendizagem. Por que não considerar esta uma forma de pesquisa em Psicopedagogia, em vez de restringir-se à pesquisa sob o plano da experimentação, apoiada nos princípios fundamentais do método experimental? Essa forma estruturada de conceber a pesquisa em Psicopedagogia não permite

O PSICOPEDAGOGO NA ESCOLA 41

acompanhar o processo de aprendizagem do aluno, assim como os artigos referentes à aprendizagem em que NÃO há descrição de situações da atividade do aluno, suas habilidades e conceitos, mas apenas exposição de ideias teóricas de autores renomados. Busca-se validar o exposto reafirmando a ideia dos autores citados, sem qualquer ilustração do que ocorreu no ato de aprender do aluno e na relação com o professor, ou o psicopedagogo.

Somente a descrição detalhada com diálogos registrados, atividades desenvolvidas, descrição de gestos e habilidades é que permitem validar uma ação psicopedagógica. Citar autores ou afirmar a ocorrência do que os autores afirmaram é solicitar ao leitor que faça um ato de fé e acredite no que está escrito.

1.1.1.1 SOBREPOSIÇÃO DE ÁREAS E O OCULTAMENTO DA IDENTIDADE DA PSICOPEDAGOGIA

É importante a delimitação da atuação profissional em Psicopedagogia — concebida como a área que estuda e lida com o processo de aprendizagem e suas dificuldades — e a atuação em áreas afins que lidam com o ser que aprende no que diz respeito às suas condições físicas, emocionais ou sociais, manifestas em suas características e que interferem em seu processo de aprendizagem.

O objetivo central dessa delimitação é o de identificar o que cabe ao psicopedagogo elucidar — em situações de

42 ELCIE F. SALZANO MASINI

aprendizagem formais e informais — analisando se foram oferecidas condições básicas para a ocorrência de aprendizagem e investigando quais não foram atendidas e que interferiram no aprender. Em seu conhecimento sobre o processo de aprendizagem, o psicopedagogo colabora ao voltar-se, na escola, junto com o professor, a propiciar condições para que o aluno aprenda o que lhe é ensinado, compreendendo e elaborando as informações fornecidas. Quando se manifestam bloqueios no aprender do aluno, cabe ao psicopedagogo, juntamente com o professor, localizar os comprometimentos ocorridos em alguma etapa do processo de aprendizagem. Respostas incorretas, na solução de problemas ou em outras atividades, poderão estar revelando comprometimentos em alguma etapa do processo de aprendizagem. Uma análise cuidadosa é requerida para identificar quais são e em que etapas ocorreram lacunas que levaram a bloqueios nesse processo.

Focalizar as lacunas e seus significados implica compreensão do aprender em sua complexidade: de um aluno em suas relações com o objeto do conhecimento, com o professor e com seus pares, no contexto cultural e social, no qual estão submersos em hábitos, valores, linguagem e conceitos semelhantes.

Analisar as lacunas que levam a comprometimentos na aprendizagem requer precisão na definição e no uso dos conceitos envolvidos, dentre os quais aprendizagem, dificuldade de aprendizagem, avaliação. Há divergências nesses conceitos, entre profissionais da mesma área e de diferentes áreas, decorrentes da fundamentação teórica de aprendizagem e do embasamento epistemológico adotado, referentes às relações entre sujeito e objeto do conhecimento. A conceituação de aprendizagem de cada professor e do psicopedagogo é que irá definir suas ações concernentes à dificuldade de aprendizagem, à avaliação e às orientações de ensino. Quando o professor tem claro e disponível o conceito de aprendizagem, seu processo de avaliação e identificação das dificuldades será coerente e consistente. Quando não tem definido seu posicionamento e fundamentação de aprendizagem, seus procedimentos serão confusos.

A análise de lacunas e comprometimentos do aprender concebido como processo relacional complexo requer consideração à totalidade do contexto cultural/social e dos sujeitos (aluno/professor) em suas manifestações e linguagens, corporais, afetivas, cognitivas.

Publicações especializadas Moojen (1999), Campos (1999) têm reiterado que não há clareza nem consenso na definição de problemas ou dificuldade de aprendizagem entre os professores. Alguns definem problemas ou dificuldades de aprendizagem como provenientes de lacunas nas condições oferecidas para o processo de aprendizagem, diferenciando-as dos transtornos ou distúrbios de aprendizagem que provêm de momentos críticos do desenvolvimento ou de comprometimentos neurológicos, ou de ordem emocional. Outros não fazem essa discriminação e utilizam indiferentemente, ou mesmo como sinônimos, os termos dificuldade de aprendizagem, problema de aprendizagem, transtornos de aprendizagem, dificuldades escolares, fracasso escolar.

No enfoque do aprender na complexidade (Morin, 2007), a análise dos comprometimentos volta-se para a localização das lacunas nas situações de ensino e nas condições oferecidas para a aprendizagem, ao invés de buscar as causas das dificuldades em características do aluno ou em transtornos de ordem neurológica. A concepção desta obra enfatiza a importância de investigar o potencial da criança, antes de buscar diagnosticar desvios que expliquem seus bloqueios no aprender.

Reiterando a importância de delimitar a atuação profissional em Psicopedagogia, assinalada no início deste subitem com vistas a identificar o que cabe ao psicopedagogo em situações de aprendizagem formal e informal, são apresentadas a seguir ilustrações de atendimento profissional de apoio psicológico a aprendizes, no que diz respeito a fatores específicos que interferem em seu processo de aprendizagem.

Os exemplos sintetizados a seguir visam propiciar a diferenciação entre a ação em Psicopedagogia — concebida como a área que estuda e lida com o processo de aprendizagem e suas dificuldades — e em áreas afins que lidam com a pessoa que aprende, atendendo-a em fatores psicológicos, ou psicossociais que interferem em seu processo de aprender.

Camargo (2006) expõe com clareza o trabalho corporal fundamentado na metodologia Ramain-Thiers no

O PSICOPEDAGOGO NA ESCOLA

atendimento de André — em que desvios de agressividade interferiam em seu processo de aprender. A descrição do atendimento ilustra como a vivência corporal, contextualizada nesse referencial, contribuiu para André lidar com suas fantasias agressivas e superar interferência destas em seu processo de aprendizagem.

Levisky (2006) discorre sobre a psicanálise como ação preventiva da violência na escola: violência concebida como transgressão dos limites que desrespeita o ser humano, tratado, então como objeto; psicanálise como instrumental clínico e conceitual, contribuindo para a estruturação das subjetividades, presente nas práticas sociais, e que pode contribuir para alimentar a esperança de novos rumos, para o desenvolvimento e aprendizagem do aluno.

Além da discriminação entre a ação do psicopedagogo — referente ao aprender e seus bloqueios — e ações de profissionais que lidam com condições que interferem no aprender e propiciam bloqueios, é introduzida a seguir a importância de resgatar a identidade da Psicopedagogia e de áreas afins. Neste sentido, é retomado como ilustração o uso indiscriminado dos termos Psicopedagogia e educação especial, que algumas vezes são apresentados como sinônimos. Resgatando a identidade da Psicopedagogia, como a área que estuda o processo de aprendizagem e seus eventuais bloqueios, é relevante enfatizar que esta definição é válida para alunos com ou sem deficiência e diferencia-se da Educação especial, que de acordo com MEC (2007, *passim*):

> [...] se organizou tradicionalmente como atendimento educacional especializado substitutivo ao ensino comum, evidenciando diferentes compreensões, terminologias e modalidades que levaram à criação de instituições especializadas, escolas especiais e classes especiais [...] A Política Nacional de Educação Especial na Perspectiva da Educação Inclusiva tem como objetivo o acesso, a participação e a aprendizagem dos alunos com deficiência, transtornos globais do desenvolvimento e altas habilidades/superdotação nas escolas regulares, orientando os sistemas de ensino para promover respostas às necessidades educacionais especiais...

Sugere indiscriminação da identidade da Psicopedagogia a publicação, em uma revista de Psicopedagogia, do artigo de Mota e Sena (2014), referente à necessidade de o professor rever sua prática pedagógica, e seu embasamento teórico frente às individualidades de seus alunos; no caso específico, a educação inclusiva de alunos autistas na rede regular de ensino — autista, concebido pelos autores como um ser individual que necessita de orientação e metodologia que beneficie e que estimule seu desenvolvimento social, sua comunicação e a sua autonomia.

Essas citações foram escolhidas para ilustrar como a Psicopedagogia se confunde com áreas afins e sua identidade não se mostra.

1.2 Psicopedagogia segundo pedagogos e psicólogos

Debesse (1967) discorre sobre as atividades e concepções de psicólogos e educadores e os diálogos de desentendimentos a respeito das específicas atuações no processo educacional. Leon et al. (1967) realizaram uma pesquisa, analisando dados de publicações, de 1961 a 1965, de duas revistas muito conhecidas, *Enfance* e *Cahiers de Pédagogiques*, sobre questões referentes à Psicopedagogia. O objetivo foi o de delinear a imagem da Psicopedagogia entre educadores e psicólogos. Ao apresentarem, alternativamente, o ponto de vista de psicólogos e de educadores os autores esforçaram-se por traduzir as atitudes e os argumentos de cada um desses profissionais.

Verificaram que alguns autores preconizavam a organização de informações psicológicas aos educadores e concebiam que essa proposição parecia de um lado unilateral, pois negligenciava a informação pedagógica aos psicólogos e de outro lado era muito vaga, porque não levava suficientemente em conta os fatores que poderiam comprometer as chances de um diálogo fecundo entre esses dois profissionais. Assinalaram que a necessidade de informação, ou mais, de formação pedagógica dos psicólogos, decorria da natureza mesma de uma concepção ampla de Psicopedagogia.

Consideravam os autores que a Psicopedagogia como área de estudos teórica e prática englobava, ou deveria englobar, relações de três tipos: 1) referentes a ramos da psicologia; 2) referentes às influências da ação pedagógica na psicologia; 3) referentes aos objetivos da educação para a atividade do psicólogo. Reiteraram que a Psicopedagogia, em sua acepção mais corrente, constituía um ensinamento fundamentado no conhecimento da psicologia da criança e do adolescente, bem como com o desenvolvimento das ciências humanas, da psicologia social. A importância de tomar, também, por objeto a relação inversa de estudar as modificações psicológicas determinadas por uma ação pedagógica — ação esta comandada por certos fins implícitos ou explícitos de que toda a influência da forma de intervenção da psicologia são elas mesmas afetadas pelo próprio progresso da psicologia. Dessa forma, competiria, também, à Psicopedagogia declarar as relações entre os fins da educação e a atividade do psicólogo operando no meio escolar.

Tal concepção de Psicopedagogia poderia ampliar a chance de um diálogo incessante e frutífero entre educadores e psicólogos, parecendo responder à solicitação de alargar o campo das funções realmente assumidas pelo psicólogo no meio educativo.

A Psicopedagogia tem mostrado a tendência, tanto de professores como dos psicólogos, de privilegiar o domínio da inadaptação — tendência, sem dúvida, determinada pela multiplicação das dificuldades escolares reais, imputada aos fatores sociais e pedagógicos. Cabe também observar que essa tendência procede, em parte, de uma repre-

O PSICOPEDAGOGO NA ESCOLA   49

sentação unilateral da noção de Psicopedagogia, vista como área que cuida, apenas, da aprendizagem com dificuldades.

Os autores reiteraram a importância de informações recíprocas a psicólogos e educadores, acautelando que seria mais judicioso visualizar um mínimo de formação polivalente em comum, em que uns e outros participantes dessa experiência colaborassem em todos os níveis das atividades e pesquisa envolvendo: registros sistematizados de atividades realizadas na instituição escolar; explicitação do referencial de análise; elaboração de resultados dessa prática educativa.

A intenção de oferecer aos psicólogos uma sólida formação pedagógica poderia contribuir para superar discordâncias entre pedagogos e psicólogos da imagem e atuação em Psicopedagogia.

2. Desafios

2.1 Identidade psicopedagógica x confusão no desempenho entre áreas afins

A clareza na delimitação da própria identidade envolve aprofundamento de estudos sobre aprendizagem e seus fundamentos, a experiência em lidar com pessoas, resgatando seu fazer cotidiano nas atividades escolares. Implica a descoberta de que as ações educacionais e as pesquisas científicas incluem diretrizes claras e a intenção de utilizá-las é uma força de trabalho na tarefa e uma garantia de obter resultados mais integrados e satisfatórios.

O processo de registro sistemático das atividades junto ao aprendiz tem uma dimensão não linear, inclui a continuidade e a descontinuidade dos processos de atuação. À fase do caos, onde nada parece possível na escolha de alternativas, poderá suceder-se uma organização do pensamento para encaminhamentos e com a disciplina do pensamento lógico delinearem-se formas a dados aparentemente desconectados.

A sistematização de dados constitui o início da elaboração de um trabalho científico, com vistas à compreensão do fenômeno estudado. O processo de sistematização e organização de dados de atividades junto ao aprendiz é fundamental para a delimitação da ação psicopedagógica e preenche, assim, dois quesitos imprescindíveis: promove e cria espaços para múltiplas reflexões e aprofundamento teórico, por meio da reconstrução da própria prática e oferece dados para conhecimentos científicos fundados em uma ação, levando ao crescimento profissional e também pessoal.

A Psicopedagogia, assim, a partir de práticas de intervenção, vem constituindo seu corpo teórico, com a articulação de conhecimentos advindos de diversas áreas para a compreensão do complexo fenômeno da aprendizagem.

Como expôs Salomon (2003) — a partir de reflexões sobre aulas ministradas em curso de formação do psicopedagogo, sobre sua prática na escola e no atendimento

O PSICOPEDAGOGO NA ESCOLA   51

clínico de alunos — a Psicopedagogia constituiu-se a partir da interdisciplinaridade, como uma totalidade dinâmica, promovendo o entendimento e a busca constante de apreensão do fenômeno da aprendizagem. A Psicopedagogia educacional buscou entender o processo de aprendizagem e os recursos para sua ação. Apropriou-se dos diversos conteúdos e da fundamentação teórica, guiada pela expectativa de encontrar encaminhamento às questões desencadeadas pela prática.

A afirmação da autora, nos recortes a seguir, explicita o que é requerido na apropriação dos conhecimentos para a ação psicopedagógica.

- desenvolver uma atitude investigativa. Elaborar perguntas e sustentá-las para tentar conhecer — e não ir, avidamente, em busca de respostas para perguntas que ainda não estão claras [...] requer saber perguntar, o que perguntar [...] passo fundamental para a propriedade dos encaminhamentos;
- desenvolver um olhar e uma escuta psicopedagógicos. Reportar-se para a totalidade do fenômeno a ser investigado, conhecido. Aprender a olhar e a escutar todas as manifestações do aprendiz (sua fala, postura, gestos, movimentos, olhares, silêncios...) do sujeito que se está em contato para construir um conhecimento a respeito da sua forma de conhecer (sujeito-indivíduo, sujeito-instituição);
- iniciar um processo de trabalho com a própria aprendizagem. Reportar-se ao seu processo de aprendizagem. Perceber-se como aluno, como professor;

ELCIE F. SALZANO MASINI

- [...] mudar a sua ação educacional, a partir da construção de um novo lugar para a cena da aprendizagem, um novo lugar para o aluno e, principalmente, um novo lugar para o professor, que deve ver-se também em processo de constante aprendizagem, autorizando-se a pensar, a criar algo novo, a ter autoria [...] trabalhar o lugar do psicopedagogo como produtor das investigações e produtor da teoria a partir de sua prática [...]

- desenvolver a consciência de que só é possível trabalhar com o processo de aprendizagem, com sua construção e suas dificuldades, produzindo conhecimento, buscando novas articulações, trabalhando-se como pessoa e profissional, trabalhando seu desejo de conhecer;

- desenvolver a percepção da importância de uma visão intersubjetiva para subsidiar a complexidade das relações estabelecidas num processo educacional e, portanto, a importância do compromisso do profissional com o desenvolvimento de um trabalho pessoal de autoconhecimento. O educador participa da cena de aprendizagem de maneira inteira, total, consciente dos fenômenos transferenciais e, portanto, da singularidade de seu papel, mobilizado pelo seu desejo de conhecer. (Salomon, 2003, p.103-104)

2.2 Definições que usurpam a área da Psicopedagogia e invadem outras áreas

São apresentados recortes de afirmações de alguns profissionais da Psicopedagogia, retirados de suas publicações, para ilustrar a relevância de delimitar com clareza

O que constitui a especificidade da atuação do psicopedagogo, identificando assim qual sua contribuição na equipe composta de profissionais de diferentes áreas.

A análise das citações a seguir poderá constituir um exercício para assinalar o que é específico do psicopedagogo e o que não é.

O psicopedagogo é extremamente importante na instituição escolar, pois este profissional estimula o desenvolvimento de relações interpessoais, o estabelecimento de vínculos, a utilização de métodos de ensino compatíveis com as mais recentes concepções a respeito desse processo. [...] Procura envolver a equipe escolar, ajudando-a a ampliar o olhar em torno do aluno e das circunstâncias de produção do conhecimento, ajudando o aluno a superar os obstáculos que se interpõem ao pleno domínio das ferramentas necessárias à leitura do mundo. Portanto, o profissional da Psicopedagogia propõe e auxilia no desenvolvimento de projetos favoráveis às mudanças educacionais. (Soares e Sena, 2014)

Na sua função preventiva, cabe ao psicopedagogo:

- detectar possíveis perturbações no processo de aprendizagem;
- participar da dinâmica das relações da comunidade educativa, a fim de favorecer processos de integração e troca;
- promover orientações metodológicas de acordo com as características dos indivíduos e grupos;
- realizar processos de orientação educacional, vocacional e ocupacional, tanto na forma individual quanto em grupo. (Bossa, 1994, p. 23)

ELCIE F. SALZANO MASINI

O psicopedagogo na instituição escolar poderá:

- ajudar os professores, auxiliando-os na melhor forma de elaborar um plano de aula para que os alunos possam entender melhor as aulas;
- ajudar na elaboração do projeto pedagógico;
- realizar um diagnóstico institucional para averiguar possíveis problemas pedagógicos que possam estar prejudicando o processo ensino-aprendizagem;
- auxiliar a direção da escola para que os profissionais da instituição possam ter um bom relacionamento entre si;
- conversar com a criança ou adolescente quando este precisar de orientação. (Rubnstein, 2010)

Enquanto campo de atuação transdisciplinar, a Psicopedagogia busca estudar os fenômenos humanos em toda sua complexidade, sem os limites impostos pelas disciplinas, aproximando-se muito mais de uma visão integradora e sistêmica que impregna os novos conceitos científicos. O estudo dos fenômenos humanos proposto pela Psicopedagogia incide, de acordo com a natureza de seu objeto de estudo, sob o âmbito educacional. (Amorim, 2012)

Alguns itens dessas definições atribuem ao psicopedagogo atividades que usurpam sua área de atuação de estudar e lidar com o processo de aprendizagem e suas dificuldades. Dentre essas funções cabe assinalar as que seguem: estimular o desenvolvimento de relações interpessoais; estimular o estabelecimento de vínculos; realizar processos de orientação educacional, vocacional e ocupacional, na forma individual e em grupos; ajudar na elaboração do projeto pedagógico.

São apontadas, também, atribuições ao psicopedagogo que requerem a participação ampla de outros profissionais da equipe da escola: estudar os fenômenos humanos em toda sua complexidade, com uma visão integradora e sistêmica que impregna os novos conceitos científicos; ampliar o olhar em torno do aluno e das circunstâncias de produção do conhecimento; partilhar da dinâmica das relações da comunidade educativa, a fim de favorecer processos de integração e troca.

O que ficou apontado, nesses dois parágrafos acima, exemplifica falta de delimitação clara da identidade, objetivo e área de atuação específica da Psicopedagogia na escola.

2.3 Legislação: posicionamento da Associação de Psicopedagogia, de educadores e de psicólogos

Qual a necessidade de legalização da Psicopedagogia como profissão? Quais a vantagens da profissionalização? Quem são os beneficiários se houver a profissionalização da Psicopedagogia? Essa profissionalização beneficia em que o aluno das escolas públicas e privadas no seu ato de aprender?

De acordo com Noffs (2010), os Psicopedagogos assumiram o desafio de propor a regulamentação de sua profissão junto ao Congresso Nacional sob a orientação parlamentar do deputado Barbosa Neto em 1997, tendo o Projeto de Lei n. 3.124/1997 recebido parecer positivo na comissão de educação e do trabalho. O projeto foi arquivado em 2007, com o encerramento da legislatura do deputado Barbosa Neto. Em 2008, a deputada federal por Goiás, professora Raquel Teixeira, propôs à ABPp a reapresentação do projeto no Congresso Nacional com as devidas atualizações, tendo recebido o número 3.512/2008, reapresentado com o apoio dessa deputada.

Incluída na luta pela regulamentação da profissão estava, também, a da formação do psicopedagogo em cursos de graduação.

A Comissão de Regulamentação do Conselho Nacional da ABPp comunicou que estava acompanhando minuciosamente os trâmites do Projeto de Lei PLC n. 031/2010, sobre o exercício da atividade de Psicopedagogia, atenta a todos os pareceres que diziam respeito ao referido projeto. Reiterou a posição do compromisso em zelar pela regulamentação dessa profissão e no que diz respeito à inclusão qualificada desta atividade no cenário nacional.

A aceitação da regulamentação da profissão de Psicopedagogo não foi de concordância geral. Surgiram críticas e oposições de profissionais das áreas de Educação e da Psicologia.

Entidades representativas de profissionais da educação, reunidas em 2002, decidiram manifestar publicamente sua posição contrária à aprovação do Projeto de Lei n. 3.124/1997, que propõe a regulamentação da profissão

O PSICOPEDAGOGO NA ESCOLA 57

de Psicopedagogo. Conforme assinalaram, a educação brasileira tem constituído preocupação dessas entidades e a busca de soluções para os problemas educacionais o cotidiano dos profissionais por elas representados. Soluções não são fáceis e pressupõem uma ruptura com o projeto político educacional vigente e a implementação de uma nova concepção de educação. A aprovação do Projeto de Lei n. 3.124/1997 será prejudicial à luta pela transformação na educação, na medida em que pode contribuir para desresponsabilizar o Estado na construção de políticas públicas para a promoção de um ensino inclusivo e emancipador e para esvaziar ainda mais função docente e a busca de qualificação dos professores. A aprovação do Projeto de Lei n. 3.124/1997 é um equívoco. Manifestam sua posição contrária a essa aprovação.

O Conselho Regional de Psicologia de São Paulo manifestou sua posição contrária à aprovação do PL n. 3.124/1997. Encaminhou comunicado "Seja contra a Psicopedagogia como Profissão", pela RedePsi, informando que seria votado um parecer do deputado Mendes Filho (PMDB-RS) pela constitucionalidade do Projeto de Lei n. 3.124/1997, sobre a regulamentação da profissão de psicopedagogo. Alertou que estava sendo encaminhado um manifesto que deveria ser enviado para a Comissão de Constituição e Justiça e Redação (CCJR), com o seguinte teor: "Manifestamos nossa posição contrária à aprovação do PL n. 3.124/1997 que dispõe sobre a regulamentação da profissão de Psicopedagogo".

A Psicopedagogia já é exercida por psicólogos e pedagogos que estão plenamente habilitados, pelas suas formações graduadas, para exercê-la.

Em 24 de abril de 2013, o prefeito Fernando Haddad sancionou a Lei n. 15.719, para implementar psicopedagogos nas escolas municipais, sendo que objetivará o diagnóstico, intervenção e prevenção dos problemas de aprendizagem tendo como enfoque o aluno, a pré-escola e a escola. Segundo o secretário municipal de Educação, Cesar Callegari, a previsão era do serviço a ser criado em cada uma das 13 diretorias regionais de ensino e a definição do número de profissionais contratados de acordo com as demandas de cada região. A intenção era de que os psicopedagogos servissem de apoio para professores, coordenadores, alunos e familiares para diagnosticar, apoiar e prevenir problemas de aprendizado na Educação Infantil e Ensino Fundamental. O Decreto n. 54.769, de 17 de janeiro de 2014 regulamenta a Lei n. 15.719, sobre a implantação de assistência psicopedagógica em toda a rede municipal de ensino, com o objetivo de diagnosticar, intervir e prevenir problemas de aprendizagem tendo como enfoque o educando e as instituições de Educação Infantil e Ensino Fundamenta.

O art. 3º explicita que o serviço de assistência psicopedagógica será realizado por Psicopedagogo, portador de certificado de conclusão de curso de especialização em Psicopedagogia em nível de pós-graduação, expedido por instituições devidamente autorizadas ou credenciadas nos termos da legislação em vigor, e estará vinculado à Diretoria de Orientação Técnico-Pedagógica das Diretorias Regionais de Educação, cumprindo jornada de 40 horas semanais.

Art. 4º O trabalho do Psicopedagogo será desenvolvido nas unidades educacionais vinculadas à Diretoria Regional de Educação de seu exercício, de maneira itinerante, mediante necessidade apontada pela unidade educacional.

Art. 5º O atendimento aos educandos dar-se-á durante o período escolar, em horário coincidente com o da sua jornada diária, em atuação conjunta com o coordenador pedagógico e demais profissionais de educação envolvidos.

De forma esquematizada, essas são as condições oficiais oferecidas pela Prefeitura de São Paulo para a inserção do psicopedagogo em suas escolas.

Em 5 de fevereiro 2014 foi aprovado na Comissão de Assuntos Sociais do Senado Federal o parecer sobre o Projeto de Lei n. 3.512 que regulamenta o exercício da atividade de Psicopedagogia. Vários itens foram destacados no Projeto, dentre os quais: 1) os que poderiam exercer essa atividade — graduandos em Psicopedagogia e graduandos em Psicologia, Pedagogia e Licenciatura, com especialização em Psicopedagogia de seiscentas horas; bem como graduandos em ensino superior, que tenham exercido atividades de Psicopedagogia em instituição pública ou privada, até o momento da publicação da Lei n. 3.512.

Esses são os dados sobre a legalização da profissão em Psicopedagogia, em âmbito nacional.

Capítulo III

Psicopedagogia Educacional

62 ELCIE F. SALZANO MASINI

Anterior a qualquer exposição, é imprescindível um resgate dos conceitos de Psicopedagogia e escola, frente à variedade de formas em que esses verbetes são compreendidos e interpretados.

São retomadas, a seguir, concepções de escola e de Psicopedagogia.

1. Escola

Para situar a Psicopedagogia na escola — temática desta obra — cabe retomar uma pergunta básica, como o fez Pena-Ruiz (2005): O que é a escola?

Nas sociedades primitivas, a educação consistia em uma ação espontânea, um ensino das coisas práticas da vida coletiva, focada na sobrevivência, semelhante às outras formas de ação desenvolvidas pelo homem, da mesma forma que o processo de trabalho, que era comum a todos os membros da comunidade. O processo de institucionalização da educação teve a ver com o processo de aprofundamento da divisão do trabalho, surgindo daí

O PSICOPEDAGOGO NA ESCOLA   63

a escola, com a educação diferenciada segundo os níveis socioculturais da população. A palavra "escola", derivada do grego, etimologicamente significa "lazer, tempo livre". A educação da população que dispunha de tempo livre passou a se organizar na forma escolar, contrapondo-se à educação da maioria que continuava a coincidir com o processo de trabalho — o aprender fazendo, inter-relacionando vida e trabalho nesse processo. Evidencia-se, dessa forma, que a escola surgiu com funções ideológicas: mostrar a função de cada um conforme sua posição sociocultural; apresentar-se como instituição neutra que oferece a todos oportunidades iguais. Dessa forma, a escola dissemina o pensamento e valores dominantes da sociedade em que se insere.

A escola é a única instituição na sociedade que é imposta a todos e como é atualmente orientada faz muito pouco para promover chances de sobrevivência individual. Na medida em que as escolas são instrumentos da sociedade, elas reproduzem caracteres dessa sociedade: pertencem à "cultura de massas", que teve início no século XX e intensificou-se no século XXI, em um país em desenvolvimento que recebe valores, padrões estéticos e tecnológicos importados. Um dos objetivos da Escola seria dar condições aos homens para que eles percebessem que é a essa Sociedade que pertencem e conhecessem suas limitações sociais e intelectuais. O distanciamento de uma cultura permite a quem a observa perceber, como indivíduos a ela pertencentes, que foram vítimas muitas vezes de doutrinações. Como afirma Postman e Weingartner (1974, p. 23).

> [...] nada existe de mais perigoso para os preconceitos dos que não questionam sua realidade, do que um homem prestes a descobrir que a linguagem do seu grupo é limitada, facciosa, equivocada e unilateral. Semelhante homem é perigoso porque não se deixa alistar facilmente numa ideologia ou outra.

O ideal seria, pois, que a Escola levasse ao homem a possibilidade de questionar atitudes, crenças, pressupostos, para chegar aos seus próprios pressupostos, crenças e atitudes autênticas e singulares. Os passos iniciais para a formação de um homem capaz de perceber as posições unilaterais, que guiam suas atitudes, crenças e pressupostos, é dar-lhe condições para que seu conhecimento surja de uma elaboração pessoal, de uma busca de respostas às questões que ele próprio levanta.

Não se perdem de vista, porém, nessa proposição, as limitações impostas pela estrutura do sistema em que a escola está inserida, arcando com a responsabilidade de "acomodar" contradições da sociedade e da Educação. O propósito não é de fazer reformas da estrutura através da atuação na escola, conscientes de que correções fragmentadas não podem substituir reformas de bases e de estruturas sociais.

O que se está tentando mostrar é que, ciente do sistema em que se está inserido, caberia à escola propiciar

O PSICOPEDAGOGO NA ESCOLA   65

ao aluno o uso de sua capacidade de compreender o ensinamento que lhe é oferecido, considerando sua dinâmica intrapsíquica, na sua realidade histórica e social. É válida a tentativa de não negligenciar, deixando de aceitar comodamente as imposições estabelecidas e fechando os olhos às características individuais e às singularidades dos alunos em seu contexto cultural. Isso requer daqueles que trabalham na instituição educacional clareza sobre o sistema e política educacional que a direcionam; conhecimento dos objetivos da instituição; domínio teórico de fundamentos da Educação — filosóficos e científicos, referentes à sociologia e psicologia — experiência de trabalho em escolas e de relacionamento no atendimento individual e grupal.

Entre as dificuldades que enfrenta o psicopedagogo, em uma ação educacional, está a resistência da comunidade escolar na aceitação de um trabalho de equipe, que não fornece resultados imediatos. Essa ação conjunta da equipe educacional (psicopedagogo, professores, assistentes pedagógicos, diretores, pais) introduz elementos novos no relacionamento da equipe, bem como exige revisões pessoais e profissionais. É mais fácil esperar atendimentos individualizados para os casos de alunos com dificuldades de aprendizagem, o que evita e canaliza uma série de elementos persecutórios.

Quase nada, no entanto, o psicopedagogo escolar poderá fazer se não puder contar com o apoio de uma infraestrutura para o seu trabalho, isto é, uma equipe trabalhando com objetivos comuns. Na maioria das vezes, o trabalho educacional se realiza através do esforço isolado de cada professor junto a sua classe, sem que haja entre os membros da equipe trocas de experiências, ou tentativas conjuntas para encontrar novos caminhos ou soluções. É esta a estrutura que mais comumente o psicopedagogo escolar vai enfrentar.

Enfrentar as dificuldades do trabalho em um campo novo requer preparação adequada, que forneça ao psicopedagogo recursos de ação, frente aos itens já referidos anteriormente: estrutura escolar e resistência à ação conjunta.

Será explicitado cada um desses itens, separadamente, para que a atuação do psicopedagogo na escola fique bem específica, bem como os requisitos indispensáveis à sua formação para esse desempenho.

Um breve traçado sobre o ambiente institucional em que o psicopedagogo educacional estará é apresentado no subitem que segue. A problemática à resistência à ação conjunta com a equipe da escola é apresentada no subitem 2.2.

1.1 A situação escolar: dados do cotidiano e dados oficiais

O universo escolar não vem apresentando dados positivos, quer sob o olhar dos que o vivenciam, quer baseado em dados oficiais de órgão governamentais.

O PSICOPEDAGOGO NA ESCOLA

Participantes e cientes deste panorama psicopedagogos, professores, psicólogos têm se manifestado a respeito. Dados resgatados de discussões realizadas por esses diferentes profissionais em eventos e de publicações são apresentados neste item, com vistas a situar a ação do psicopedagogo frente à escola que os dados mostram.

O olhar da população de São Paulo sobre o aprender que a escola tem propiciado é apresentado dos registros do programa, que em 2007 ia ao ar todas as manhãs pela Rádio Jovem Pan, intitulado "Educação: semente do amanhã, alicerce da pátria". A jornalista Madeleine Lacsko (2008) apresentou um cenário de entrevistas realizadas fora dos muros da escola, com comentários sobre o significado da escolarização e da aprendizagem na vida dos entrevistados.

Recortes desse Programa gravado — com a identificação numérica do Áudio adotadas pela rádio — ilustram a problemática que cada entrevista revela:

Áudio 12
Apresentador: Uma nação é feita de seu povo, sua cultura e sua história. O nosso passado explica exatamente o que é o Brasil de hoje. Conhecer e saber analisar nossa história são as bases para a construção de um futuro melhor.
Aluno(a) 36: Tenho nove anos e tô na quarta série.
Entrevistadora: O presidente do Brasil quem é?
Aluno(a) 36: Álvares Cabral.
Entrevistadora: O nome do presidente do Brasil, você sabe?

Aluno(a) 38: Lula.

Entrevistadora: Sabe falar o nome de outros três presidentes do Brasil?.

Aluno(a) 38: Não.

Entrevistadora: Qualquer outro presidente que o Brasil já teve, sem ser o Lula?

Aluno(a) 38: Sei não, Alckmin?

Apresentador: Elas não sabem o nome do atual presidente da República, na verdade não sabem o nome de nenhum ex-presidente do Brasil.

Esse primeiro recorte de alunos entrevistados são seguidos por recortes de outro foco do Programa em que as mães também eram entrevistadas, conforme ilustração a seguir.

Áudio 9

Apresentador: A figura das mães que brigavam na escola para verem os filhos passarem de ano de qualquer maneira está quase extinta. Para elas, a prioridade agora é outra. Ter certeza de que as crianças aprendem.

Mãe 1: Então, eu acho assim, um absurdo! Acho que eles deveriam... passar de ano um aluno, se realmente sabem.

Mãe 2: Eu tenho dois gêmeos que tão na sétima, só que eu acho que ele não era pra tá na sétima, que ele não sabe essas coisas todas.

Apresentador: Essas mães não são especialistas em educação — estudaram pouco —, mas têm certeza de uma coisa: alunos de sexta, sétima e oitava séries deveriam saber que o Brasil foi descoberto por Pedro Álvares Cabral, no ano de 1500.

O PSICOPEDAGOGO NA ESCOLA 69

Professores também eram entrevistados e diante deles crescia a tristeza frente à desilusão, impotência, destituição do saber, desvalorização e exclusão social.

Apresentador: São relatos que parecem irreais! O desrespeito, a impunidade e o mais chocante é a frequência com que essas histórias acontecem. Às vezes, os casos chegam a extremos como esses, que levam os professores às lágrimas.

Professor 6: Fui reclamar para um diretor que estavam colocando bomba ao lado de uma sala de aula, três alunos rasgaram 3 pneus de meu carro e eu fiquei com o prejuízo. O diretor sabe quem foram os alunos, ele sabe e não tomou nenhuma atitude. Agora os alunos tomaram uma atitude contra mim: me deram um prejuízo que eu tive que arcar sozinho.

Entrevistadora: Qual é o sentimento que o senhor tem de trabalhar e encontrar isso?

Professor 6 (choro): [...] Eu só tô cumprindo minha parte. Eu tenho que lutar pra que meu aluno seja uma pessoa feliz. Meu aluno precisa perceber que não é só com o dinheiro, com o consumo que ele pode alcançar o equilíbrio e a felicidade, e o meu aluno vai saber disso enquanto eu estiver respirando.

Apresentador: Essas são lágrimas de um professor dedicado que trabalha o dia todo e tenta fazer o melhor pela educação dos alunos. Mas educar é também garantir o respeito à autoridade do professor e ensinar na prática que os atos negativos são punidos e os atos positivos são premiados.

Alguém poderia objetar que, somente pela escuta dos áudios do programa em questão, não se poderia fazer interpretações sobre a escola, contudo, eles corroboram uma situação a qua se é remetido sempre que se adentra essa instituição, especialmente as públicas, da cidade de São Paulo. A escola não está produzindo saber, não está favorecendo aprendizagem e está empobrecida de recursos materiais e humanos (Cf. Ormelezi, 2008).

Assim perguntou esta psicopedagoga — psicóloga e pedagoga — como a Psicopedagogia poderia contribuir para melhorar essa situação, como área interdisciplinar que lida com os processos de aprendizagem e suas eventuais dificuldades.

Refletindo sobre sua experiência de psicóloga e pedagoga e sua fundamentação teórica como doutora em educação, focalizou o aprender, considerando aprendizagem as elaborações do sujeito sobre informações do vivido e do ensinado (corpo, afetividade, cognição em seu contexto social) e a consciência do apropriar-se disso para a vida.

De excertos de Ormelezi (2008, p. 78-79), expostos a seguir, evidencia-se sua concepção de que em uma intervenção psicopedagógica na instituição escolar, o profissional da educação, ou da psicologia, pode efetivamente dar uma contribuição bastante significativa se:

- conhecer bem a clientela que atende (alunos e suas famílias) e a comunidade em que está inserida, bem como a equipe de professores e funcionários e a dinâmica estabelecida;
- ter domínio das teorias de aprendizagem e do desenvolvimento na prática, para conhecer o que ocorre com sujeito enquanto ele aprende;

O PSICOPEDAGOGO NA ESCOLA 71

- investir na criação de um ambiente escolar que favoreça a aprendizagem com receptividade e abertura para conhecer os alunos;
- pensar com seus pares sobre um ensino não desconectado do aprender e estar ciente de que o aprender se da na relação com o outro [...] O foco deve estar na relação professo — aluno na escola e na relação do aluno com o sentido do aprender.

2. Psicopedagogia Educacional

Reitera-se a definição de Psicopedagogia da Associação Brasileira de Psicopedagogia, de 1990, como a área que estuda o processo de aprendizagem e seus eventuais bloqueios. O enfoque desta obra acresce outra especificidade a essa definição: é a área que estuda o ato de aprender, entendendo-se o ato de aprender como os sentimentos, as ações, as elaborações do sujeito durante o seu processo de aprendizagem e a consciência que ele tem do que realiza, inclusive quando há dificuldades.

Pode-se dizer que a identidade da Psicopedagogia Educacional foi desencadeada por descrenças. Descrença de que se possa propiciar o aprender, apenas ao fazer uso de procedimentos metodológicos e didáticos; descrença de que se possa lidar com a cognição como fator isolado, sem considerar a totalidade vivencial e cultural do aprendiz; descrença na concepção de um "saber" restrito ao aspecto intelectual.

72 ELCIE F. SALZANO MASINI

O surgimento da Psicopedagogia Educacional significou o resgate de uma visão global do ser humano no seu ato de aprender. Constituiu-se, assim, a área de estudos voltada para o processo do aprender humano, na sua totalidade, na individualidade e singularidade de ser social; na abrangência de ser corpo (sentir/perceber) de ser afetividade (desejos, interesses, valores, necessidades) de ser pensamento (conceitos, ideias e reflexão). Deixou de ser um atendimento individualizado ao aluno com dificuldades de aprendizagem, tornando-se um trabalho colaborativo junto à equipe da escola.

2.1 Especificidades da Psicopedagogia Educacional

Tanto no homem como nos animais, de modo geral, as ações vão se transformando gradativamente ao longo de seu desenvolvimento, isto é, dos processos evolutivos pelos quais passam do nascimento até a morte. Essas ações nos animais são determinadas predominantemente pelo instinto, e as modificações que nelas ocorrem se devem basicamente ao seu amadurecimento físico.

Nos homens, cujo processo evolutivo vai da dependência absoluta do organismo à independência física e psíquica, pode-se dizer que as transformações de suas ações são resultantes não só do seu crescimento físico, mas predominantemente de sua aprendizagem. Os fatores que influenciam seu crescimento físico são, em grande parte,

O PSICOPEDAGOGO NA ESCOLA   73

geneticamente determinados, enquanto os fatores que atuam na aprendizagem provêm do seu contexto de vida.

É assim, através da Aprendizagem, que se desenvolvem habilidades, raciocínios, atitudes, valores, vontades, interesses, aspirações, integração, participação e realização. A Educação e a Psicologia que lidam com e buscam compreender o ser humano, de modo geral, consideram básico o estudo do desenvolvimento nos seus diferentes enfoques, bem como dos fatores que o influenciam. Assim, o estudo do desenvolvimento compõe os currículos e abarca os aspectos físico, afetivo/emocional, cognitivo, social e moral.

Quanto à aprendizagem não ocorre o mesmo. O estudo desse processo não tem composto os currículos de Educação e Psicologia. Esta questão é importante para refletir sobre a atuação educacional do psicopedagogo, priorizando dois itens: o primeiro diz respeito à natureza da aprendizagem, o segundo à formação dos que lidam com a aprendizagem.

O questionamento, a seguir, de Shirahige (2000, p. 16), psicopedagoga — psicóloga doutora em educação — professora de cursos de formação do psicopedagogo convida a refletir a respeito.

Sendo a Psicopedagogia entendida como "a área que estuda e lida com o processo de aprendizagem e suas dificuldades" (ABPp, 1990), falar em Psicopedagogia na escola parece redundante. [...] Com a expressão pleonástica "Psicopedagogia na escola" estamos enfatizando o processo de aprendizagem que ocorre na escola? Estamos apenas delimitando uma área em que ela ocorre? Estamos conferindo à expressão mais clareza ou estamos nos referindo ao óbvio? Então, surge outra questão: há necessidade de falar do óbvio, da consequência natural do processo de escolarização? Por que devemos discutir o óbvio? A escola ou sistema educacional está produzindo aprendizagem?

2.1.1 A natureza da aprendizagem

O que é aprendizagem? A resposta a esta pergunta tem constituído um fator de frustração para muitos educadores e psicólogos. Ninguém nega sua existência, nem tão pouco sua abrangência e importância no desenvolvimento do ser humano ao longo de sua vida. Contudo, há divergências quanto à definição, devidas às diferentes fundamentações teóricas da Educação e da Psicologia, como também à dificuldade de restringir propriamente a referência a esse processo, devido aos vários fatores imbricados na aprendizagem.

Apesar de algumas restrições, parece haver certa convergência em assinalar que aprendizagem constitui mudança que resulta da experiência e faz com que a pessoa encare e lide com situações novas de maneira diferente. Alguns autores utilizam o termo aprendizagem e preocupam-se com a teoria envolvida nesse processo (Mednick, 1964; Travers, 1964; Hilgard, 1966; Ausubel, 1963; Bigge, 1972; Gagné, 1971; Moreira e Masini, 1982; Visca, 1985;

O PSICOPEDAGOGO NA ESCOLA 75

Masini, 1999). Outros, devido a questões de tradução e de seu próprio posicionamento em Psicologia, não utilizam o termo aprendizagem, como, por exemplo, Vigotski (1934). Como esclarece Oliveira (1993, p. 57), "o termo que ele utiliza (*obuchenie*) significa algo como 'processo ensino--aprendizagem'. Optamos, pois, pelo uso da palavra aprendizado". É semelhante o posicionamento dos piagetianos, que se referem à construção do conhecimento, como ilustra a afirmação de Ferreiro (1986, p. 9): "O problema central é compreender os processos de passagem de um modo de organização conceitual a outro, explicar a construção do conhecimento. O modelo teórico geral encontra-se em Piaget". Embora não façam uso do termo aprendizagem, esses autores referem-se ao processo de passar de uma etapa de desenvolvimento para outra mais avançada e que não é devido a fatores maturacionais determinados pela espécie. Dessa forma, embora não usem o termo, estão reconhecendo a existência do ato de aprender.

Este enfoque assume, pois, que é o compreender e lidar com o ato de aprender e suas dificuldades que delimita a área da Psicopedagogia.

Na história da humanidade há evidências de que as pessoas foram aprendendo, sem que houvesse preocupação com a natureza desse processo, enquanto ele ocorria informalmente nas relações do dia a dia. Quando a sociedade se tornou mais complexa e foi instituído um local para que a aprendizagem ocorresse é que começaram a surgir preocupações a respeito, deixando de ser considerado um processo simples.

Na medida em que a Pedagogia e a Psicologia foram se desenvolvendo, passaram a investigar caminhos para lidar com o desenvolvimento da pessoa no processo de aprendizagem. Assim surgiram as Teorias de Aprendizagem (Aprendizagem de Sinais/Aprendizagem Estímulo-resposta/Aprendizagem Cognitivista/Teoria de Campo e outras) muito discutidas e em voga na década de 1970; a adoção do Construtivismo predominantemente na década de 1980 (Piaget, Inhelder, Ferreiro, Teberosky); e a ênfase nos processos sócio-históricos na década de 1990 (Vigotski et al.). Em cada uma dessas décadas foi aparecendo a tendência de, ao adotar-se a nova teoria, fazê-lo em detrimento das anteriores com as quais passava a competir.

Nessa forma de alternâncias do que passava a ser modelo, deixava-se de lado um dos desafios do estudo da Educação e da Psicologia, qual seja, o de retomar as tendências e modismos para compreender por que ocorriam, aprofundando estudos para saber: qual seu embasamento filosófico; qual a característica original desse posicionamento; em que aspectos suas características podiam ser complementares e enriquecedoras de outros posicionamentos; em que aspectos as características se contrapunham às de outros posicionamentos e introduziam incoerências, se adotadas concomitantemente.

Conviver e lidar com esses conflitos poderia constituir uma fonte de ampliação do conhecimento sobre o homem no ato de aprender, deixando-se assim de encarar estaticamente cada nova tendência e buscando seu significado

O PSICOPEDAGOGO NA ESCOLA 77

ao retomá-la contextualmente: localizando onde surgiu, quando surgiu, no que se embasava filosoficamente essa nova forma de conceituar o homem nesse processo que o fazia passar de uma etapa do desenvolvimento para outra mais avançada.

2.1.2 Formação do psicopedagogo educacional

A formação de psicólogos escolares e pedagogos na universidade, na década de 1960, no curso de Pedagogia, e nas décadas de 1970 e 1980, nos cursos de Psicologia e Pedagogia, indicavam que pouco havia no currículo referente ao estudo de Aprendizagem. A disciplina Psicologia Educacional era, nesses cursos, a que abordava aprendizagem em um semestre letivo, oferecendo um apanhado geral de Teorias de Aprendizagem. No curso de Psicologia contemplava-se um pouco o estudo dos problemas de aprendizagem na disciplina Psicologia Escolar e Problemas de Aprendizagem (Pepa). Naquela época, outras definições eram confusas, muitas vezes, com o uso indiferenciado, ou quase como sinônimo, dos termos Aprendizagem, Ensino ou ainda Educação.

Com um levantamento de informações realizado em várias universidades, em 1999, em cursos de Pedagogia e Psicologia com professores que neles ministram aulas, obtêve-se a programação dessas disciplinas. O Quadro 3 mostra as universidades consultadas.

Quadro 3
Universidades consultadas

Curso de Pedagogia	Curso de Psicologia
USP	USP
U. P. MACKENZIE	U. P. MACKENZIE
	UNIV. SÃO MARCOS
	UMESP
	UNICSUL
	UNIV. SÃO FRANCISCO
	UNIV. CAMPOS SALLES

Esse levantamento reencontrou, ainda, características confusas sobre Aprendizagem, Ensino, Educação. Alguns programas de Psicologia Escolar e Problemas de Aprendizagem nada apresentavam na sua bibliografia referente a Problemas de Aprendizagem. Alguns programas de Psicologia da Educação ficavam restritos à Psicogenética.

Com as reformulações dos currículos de Pedagogia e de Psicologia em algumas universidades, introduziram-se mais especificadamente disciplinas referentes à Psicologia da Aprendizagem e do Ato de Aprender. Assim foram encontrados:

1. programas que tratavam não apenas das Teorias de Aprendizagem, como também, de aspectos da Aprendizagem informal, como Aprendizagem e televisão, Aprendizagem na era eletrônica, Aprendizagem e brinquedo;

2. reformulação do programa de Pepa abordando Teorias de Aprendizagem, Problemas de Aprendizagem e Intervenção, preparando o psicólogo escolar para lidar na escola com o Ato de Aprender.

A lacuna na formação de profissionais para lidar com o aluno em situação de aprendizagem, principalmente quando as dificuldades surgiam, foi um dos principais fatores desencadeantes, na década de 1970, do nascimento dos cursos de Psicopedagogia no Brasil.

As condições de aprendizagem e a situação do aproveitamento escolar oferecidas à maioria da população brasileira no ano 2014 são, no mínimo, alarmantes: há, nas instituições públicas, alunos que chegam ao final da 4ª série do Ensino Fundamental semialfabetizados e mal lidando com as operações aritméticas, além de outras defasagens que continuam no Ensino Médio.

Assim sendo, o posicionamento sobre o psicopedagogo requer que se faça uma reflexão sobre essa realidade educacional e o momento que se vive. Não é tarefa simples preparar profissionais para enfrentar os desafios do processo de aprendizagem. Isso requer integração e esforços conjuntos, e não cisões. É necessário reunir conhecimentos, e não esfacelá-los em subcursos de graduação.

A aprendizagem sendo, predominantemente, o elemento responsável pelas transformações das ações humanas, através da qual são desenvolvidas habilidades, raciocínios, atitudes, valores, vontades, interesses, aspirações, integração, participação e realização, requer do profissional que lida com o ato de aprender formação ampla e bem fundamentada.

A defesa da formação do psicopedagogo em nível de graduação tem sido defendida, utilizando-se como argumento o surgimento de carreiras profissionais em cursos de ensino superior, dentre elas hotelaria, turismo e gastronomia. São carreiras de caráter predominantemente prático, privilegiando habilidades e recursos técnicos. A Psicopedagogia caracteriza-se pelo entrelaçamento teoria — prática. A formação do psicopedagogo em nível de graduação implica subdivisão do conhecimento e representa uma tendência à hiperespecialização em detrimento da abrangência necessária para lidar com a complexidade do ato de aprender. Nessa perspectiva, ao contrário do que se anseia, a Psicopedagogia perde sua força, pois para manter sua identidade como área de estudos com objetivo próprio, precisa estreitar seu campo curricular para não se sobrepor aos cursos de Pedagogia ou de Psicologia. O oposto ocorre se concebida como curso de especialização e funcionar como um acréscimo tanto para pedagogos como para psicólogos e outros profissionais que queiram trabalhar com aprendizagem, cada um trazendo sua bagagem anterior e aprofundando estudos.

Nesse sentido, considera-se não apropriado formar um novo profissional ao invés de lutar pela melhor formação dos profissionais já existentes (pedagogos, psicólogos, demais professores e de carreiras afins) que deveriam ser capazes de lidar com o ato de Aprender.

3. O psicopedagogo na escola

A identidade do psicopedagogo é definida pela função que ele desempenha de lidar com a aprendizagem; de propiciar condições para sua ocorrência, acompanhando o processo do aluno para que este compreenda o que é ensinado e supere eventuais dificuldades; de contribuir para a aquisição de conhecimentos do aluno, junto ao professor e a equipe da escola. Desempenhará a função de psicopedagogo tanto o professor de diferentes áreas, como o orientador educacional, o psicólogo escolar, o fonoaudiólogo, ou qualquer outro profissional que conheça e saiba lidar com o processo de aprendizagem.

Este posicionamento de identificar o psicopedagogo pelo exercício de sua função e não por critérios externos a este desempenho permite afastar uma série de conflitos, tais como:

- monopolização de uma área por grupo de profissionais, através de delimitações formais e aprioristicas, antes mesmo de uma clara definição do que seja esta área e de seu objetivo;

- disputa entre diferentes profissionais sobre "direitos" de atuar em Psicopedagogia e exercer legalmente essa função.

Esse enfoque traz implícita a questão referente à formação do psicopedagogo, apresentada no item 2.1.2 e extingue o debate referente à formação do psicopedagogo ser em curso de graduação, ou de pós-graduação *lato sensu*. Essa questão surge, evidentemente, quando se pensa na Psicopedagogia como área profissional diferente das já existentes. Quando se pensa na Psicopedagogia como função que pode ser desempenhada por um profissional já existente (identificado como psicopedagogo por estar lidando com processos de aprendizagem) essa questão desaparece. Este profissional já realizou um curso de graduação, ficando, pois, a formação psicopedagógica em nível de pós-graduação — especialização ou pós-graduação *lato sensu*.

4. Trajetória — percursos e percussões

Retomar as fontes de onde brotaram as diretrizes da Psicopedagogia Educacional tem como intuito situar seu sentido no contexto do sistema educacional brasileiro do final do século XX e início do século XXI.

A proposta de Psicopedagogia Educacional enraíza-se em estudos, cursos ministrados, atividades e experiências de formação de psicólogos escolares (Masini, 1978), que registraram a ação da psicologia no campo educacional; que buscaram assegurar condições para que um ser em desenvolvimento adquirisse consciência pessoal de seu papel em um determinado lugar e momento, sustentando sua crença na própria significação, ao ter tido a possibilidade de atuar, na convicção de que suas ações podiam ter alguma influência. Fundamenta-se na convicção da necessidade de formar profissionais nas áreas de ciência humanas que propiciem condições para a ampliação das possibilidades individuais, salvaguardando-se do uso e confiança exagerada em técnicas e instrumentos (Cf. May, 1973). Busca uma linha de trabalho junto à equipe da escola — professores e gestores — que fuja do atendimento de casos individuais, levando à escola a visão de que há colaboração mais ampla e eficiente em um trabalho de equipe para propiciar condições ao desenvolvimento global, prevenindo o surgimento de problemas.

O despontar de propostas em Psicopedagogia, inspiradas nessa fonte, ocorreu em diferentes instituições, conforme segue.

4.1 Departamento de Psicologia Educacional do Instituto Sedes Sapientiae

Início, em 1978, do Curso de Especialização em Psicopedagogia,[1] com o objetivo de oferecer a profissionais, que trabalhavam em Educação, recursos para compreenderem e lidarem com o processo de aprendizagem.

O Curso "Psicopedagogia — teoria e prática" visava proporcionar embasamento para a compreensão do ser

---

1. Curso organizado e coordenado por Elcie F. Salzano Masini (1978-1983) professora do Instituto Saedes Sapientiae.

que aprende, levando em consideração seu mundo familial, comunitário e escolar; oferecer subsídios para que o profissional compreendesse mais amplamente o processo de aprendizagem e as eventuais dificuldades, levando em consideração o contexto do aluno.

Aprendizagem neste curso incluía situações em que o ser se situava no seu mundo e adquiria habilidades e experiências. Nesta perspectiva oferecia-se embasamento para que o profissional compreendesse a interdependência do processo corporal, afetivo e cognitivo na situação em que o individuo elaborava e aprendia. O curso objetivava fornecer condições para que profissionais ligados a processos educacionais compreendessem que: 1) o sentido central da aprendizagem humana é o desvelamento da própria identidade e autorrealização; 2) quando mudam as condições de sua educação, os homens mudam, e que pelas características da singularidade da aprendizagem humana, tomar consciência do significado dos próprios atos depende das condições individuais.

4.2 Curso pós lato sensu em Psicopedagogia

4.2.1 Primeiro curso *lato sensu* em Psicopedagogia no Brasil

Em 1985, na Universidade São Marcos — Unimarcos (hoje extinta) —, na cidade de São Paulo, teve início o

O PSICOPEDAGOGO NA ESCOLA

85

primeiro curso *lato sensu* em Psicopedagogia.[2] O elenco de disciplinas voltadas para a formação desse especialista, cada uma com carga horária de 36h/a, foram as que seguem.

— Introdução à Psicopedagogia

— Processos de aprendizagem

— Aprendizagem em áreas do conhecimento alfabetização

— Aprendizagem em áreas do conhecimento matemático

— Aspectos afetivos na aprendizagem

— Aprendizagem e cultura de massa

— Metodologia científica

— Atendimento psicopedagógico

— Supervisão — Psicopedagogia educacional I

— Supervisão — Psicopedagogia clínica I

4.2.2 Curso *lato sensu* em Psicopedagogia — Universidade Presbiteriana Mackenzie

Em 1998, na Universidade Presbiteriana Mackenzie, junto ao curso de pós-graduação "Distúrbios do Desenvolvimento", do Centro de Ciências Biológicas e da Saú-

---

2. Curso organizado e coordenado por Elcie F. Salzano Masini, então coordenadora do Núcleo de Psicopedagogia Educacional da Unimarcos.

de, teve início o curso *lato sensu* em Psicopedagogia[3] com a proposta curricular distribuída em quatro semestres, em um total de 512 h/a para cada aluno, conforme segue.

1º semestre	
Psicopedagogia — Definição/Enfoques/Formas de atuação	36 h/a
Psicopedagogia nas áreas de conhecimento — Alfabetização	36 h/a
Psicopedagogia nas áreas de conhecimento — Matemática	36 h/a
Aprendizagem e o aluno com comprometimentos	36 h/a

2º semestre	
Psicopedagogia na Escola	36 h/a
Psicopedagogia na Clínica	36 h/a
Afetivo na Aprendizagem	36 h/a
O ato de aprender e seus bloqueios — Discussões teóricas sobre a prática	36 h/a

3º semestre	
Intervenção I (institucional)	36 h/a
Intervenção II (clínica)	36 h/a
Informática e Aprendizagem	24 h/a
Meios de cultura de massa e Aprendizagem	24 h/a

4º Semestre	
Metodologia de pesquisa	32 h/a
Intervenção I (institucional)	36 h/a
Intervenção II (clínica)	36 h/a

---

3. Curso organizado e coordenado por Elcie F. Salzano Masini (1998 a 2008) professora/pesquisadora do Programa de Pós-graduação "Distúrbios do Desenvolvimento", da Universidade Presbiteriana Mackenzie.

O PSICOPEDAGOGO NA ESCOLA   87

4.2.2.1 Proposta do curso

Originou-se do desafio de lidar com o processo de aprendizagem e seus bloqueios frente aos restritos conhecimentos de que se dispunha para enfrentar a problemática da sala de aula na realidade educacional brasileira e no contexto do século XX.

Inspirou-se em experiências educacionais esparsas que mostraram na prática condições para propiciar a aprendizagem e para o resgate das possibilidades de alunos que apresentavam dificuldades e foram capazes de ultrapassar os limites que os cerceavam.

O atendimento em instituições e clínicas e dados sistematizados de pesquisas (Masini, 1982-1984) evidenciavam que muitas crianças e jovens que apresentam problemas de escolarização, mostravam-se impedidos de elaborar a partir da própria experiência, permanecendo presos a informações fornecidas pela escola, sem conseguir alcançá-las.

Experiências anônimas e registradas em livros mostravam que a criança (e o jovem) na sua vivência ia formando os próprios significados, constituindo estes uma moldura através da qual passava a perceber e conhecer as coisas ao seu redor. Essa moldura — seu horizonte — manifesta-se nas suas percepções, desejos, necessidades, estado de ânimo, raciocínio, maneira de agir. Esse horizonte constitui o referencial daquilo que cada criança (ou jovem) mostra de seu mundo e de seu conhecimento; aquilo que circunscreve seu caminho, prevenindo-a de perder-se nas coisas ao seu redor, propiciando que se situe e pense.

A diretriz central do curso era a de focalizar o que se vivenciava no ato de aprender, tanto nas aulas da Psicopedagogia como no atendimento institucional ou clínico. A busca era de aprofundar essa experiência, cuidando das condições que propiciassem, a cada um, o conviver com os sentimentos de regozijo das descobertas no aprender, das angústias do não saber e do esforço para lidar com momentos de ansiedade e dificuldades. Priorizou-se nas vivências em classe ou no atendimento: o descrever cuidadoso do contexto natural e social dos participantes envolvidos; o registrar detalhado dos passos da situação de aprendizagem e as características do ser que aprende frente à atividade proposta, seus encaminhamentos e eventuais dificuldades, a ação psicopedagógica proposta na ocasião e as transformações ocorridas em cada situação; detalhar o ato do aprender, para deixar claro o que ocorria com a pessoa atendida em cada circunstância registrada — aluno ou professor, junto ao psicopedagogo. Nas discussões sobre as situações, quer de exercícios práticos quer de atendimentos realizados pelos alunos, os professores e supervisores assinalavam a importância de não se restringir à situação específica da problemática, mas sim considerar o referencial de contorno, exigindo clareza quanto: ao objetivo da ação proposta para lidar com a problemática; a contribuição para a área investigada, para os beneficiários e para responder às necessidades educacionais e sociais. Nessa diretriz, o curso orientava os alunos, em seus exercícios práticos de atendimento, a fazerem observações e registros, iniciando-os na pesquisa

O PSICOPEDAGOGO NA ESCOLA   89

científica, enfatizando a constante atenção à atitude científica, assim compreendida:

A atitude científica é filha do bom senso, do espírito crítico que uma pessoa desenvolve [...] é um trabalho artesanal para uma relação sadia (isto é, não neurótica ou pouco neurótica) que a pessoa estabelece com os outros e com o mundo. (Turato, 2003, p. 42-43)

A ênfase ao desenvolvimento dessa atitude científica era enfocada na especificidade de cada uma das disciplinas do curso. O apropriar-se e manter essa atitude era para o estudante de Psicopedagogia um caminho longo mesclado do sentir, compreender e refletir, envolvendo a disponibilidade junto ao outro — aprendiz ou professor — e a atenção a todas às suas manifestações verbais, gestuais, expressivas, movimentos, olhares, silêncios.

Nas disciplinas que envolviam a prática psicopedagógica, eram desenvolvidos exercícios de: entrevista; descrição da situação, das relações, das características dos participantes; introdução e uso de recursos de diagnóstico e instrumentos de avaliação, com seus critérios e padrões; realização de exercício de registros e análises quantitativas e qualitativas de dados dos atendimentos, envolvendo respectivamente o levantamento de categorias e as frequências correspondentes e seus significados e unidades de significados.

Na disciplina Metodologia Científica eram introduzidas e discutidas questões referentes ao trabalho científico e a forma de organizar o próprio trabalho psicopedagógico na monografia de encerramento do curso. Os estudantes preparam-se para organizar os dados registrados da prática e das discussões nas disciplinas Intervenção I (institucional) e na Intervenção II (clínica), buscando aprofundá-los apresentando-os sob um tema delimitado que tivesse unicidade e valor didático para serem utilizados por outros profissionais, no trabalho de encerramento do curso — exigência da coordenação de pós-graduação *lato sensu* da Universidade Mackenzie.

A Psicopedagogia Mackenzie estabeleceu como diretriz a proposta de superar o despreparo referente ao processo de aprendizagem e ao ato de aprender. Das reflexões sobre dados de pesquisas e sobre as experiências anônimas e relatadas em livros surgiram novas perguntas desencadeadoras de outras diretrizes deste enfoque: O que propicia ao aluno a abertura de horizontes? Como a partir daquilo que ele dispunha (conhecimentos elaborados ou informações aos quais ficava aprisionado) ele poderia abrir-se a outros significados e reencontrar suas próprias possibilidades de sentir, pensar e agir?

Essas perguntas passaram a constituir um desafio para a formação do psicopedagogo, tornando-o apto a:

- captar os significados (denotativos e conotativos) do aluno, sem distorcê-los ou interpretá-los de um referencial diferente do dele;

- lidar com os limites dos próprios significados (denotativos e conotativos) para alcançar os significados do aluno, de seus valores e da cultura a que pertencia;

- ser capaz de "aproximar-se" do aluno e percebê-lo na sua maneira de ser, na riqueza do seu sentir, perceber, pensar e agir.

Para enfrentar esses desafios o curso organizou-se de forma a oferecer fundamentos teóricos sobre o ato de aprender, tendo em vista a complexidade das relações de quem aprende com aqueles com quem convive e com o mundo cultural e social em que vive. O currículo resultante de discussões da equipe de professores objetivou uma formação profissional com disciplinas de dois tipos:

- as voltadas a desenvolver e ampliar a percepção do profissional sobre ele próprio e sobre ele junto a outro ser humano (colegas/professores do curso/supervisor/cliente, considerando sempre o contexto social de cada um);
- as ligadas ao processo de aprendizagem em diferentes situações e campos específicos de conhecimento.

As disciplinas foram planejadas para oferecerem subsídios ao estágio supervisionado, considerado o ponto central do curso abrangendo:

Psicopedagogia institucional — trabalho em nível preventivo sobre condições que propiciam a aprendizagem,

92   ELCIE F. SALZANO MASINI

analisando o processo em situação de sala de aula, na relação com o professor e com os colegas, nas condições de ensino e nas condições institucionais oferecidas.

Psicopedagogia clínica — o atendimento a crianças com problemas de aprendizagem, diagnosticando e esclarecendo o bloqueio no processo de aprendizagem e identificando condições do contexto onde apareciam os problemas de aprendizagem.

A supervisão de estágio, na instituição ou na clínica, cuidava para que o aluno de Psicopedagogia considerasse o conhecimento do dia a dia a base para a aprendizagem formal, propiciando interação, transformação e ampliação do que o aprendiz já sabia anteriormente; que o conhecimento adquirido no cotidiano fosse enriquecido e reorganizado e, assim, a aprendizagem realizada na escola fosse significativa podendo ser elaborada a partir da experiência vivida pelo aprendiz.

A originalidade da proposta da Psicopedagogia Mackenzie era a de ter identidade própria: fundamentar-se em teoria científica consistente aprofundada ao longo de anos[4] de atividade.

— realização de pesquisas, de eventos e de publicações coerentes com essa fundamentação, apoiadas

---

4. Estudos e pesquisas, em escola publica, realizadas em 1983, 1999, 2001, embasadas em teóricos referências do curso (Masini, 2002).

por Instituições financiadoras[5] do mais alto gabarito no país;

— corpo docente com titulação de doutorado e de mestrado e com experiência em pesquisa, para obtenção de seus títulos, em diferentes enfoques e temáticas.

4.2.2.2 Ciclos de Estudo de Psicopedagogia e publicações

A equipe do Curso de Psicopedagogia Mackenzie, além do desenvolvimento das atividades curriculares previstas, realizou publicações sobre o tema e promoveu Ciclos de Estudos: espaço para debates e reflexões, com profissionais de diferentes instituições, objetivando ampliar conhecimentos e recursos referentes ao processo de aprendizagem e suas dificuldades e aprofundar dados de experiências, pesquisas e atividades realizadas junto ao aprendiz, em sala de aula e em clínica. Foram realizados, de 1998 a 2008, cinco Ciclos de Estudo, todos publicados em livros.

A primeira publicação desse curso foi nos *Cadernos de Pós-graduação da Universidade Presbiteriana Mackenzie*, em 1998, cujos artigos abordaram: a proposta da Psicopedagogia Mackenzie e relatos de alunas sobre trabalhos

---

5. Fapesp/CNPq/MackPesquisa.

94 ELCIE F. SALZANO MASINI

realizados em algumas das disciplinas do curso, revelando o próprio caminhar, expondo seu modo de sentir, pensar e agir frente às situações típicas de atuação psicopedagógica. Cada trabalho foi orientado e selecionado pela professora responsável pela disciplina. Diferentemente do que costuma ser apresentado em publicações científicas, nas quais as conclusões e fundamentações teóricas, plenas de citações, constituem elementos predominantes, os trabalhos neste *Cadernos* privilegiaram o processo de elaboração de uma prática refletida, na qual os elementos teóricos constituíram os fundamentos internalizados que emergiram na própria ação desenvolvida. No segundo ano de funcionamento do curso foi publicado o livro *Aprendizagem totalizante* (Masini, 1999) que entrelaça a teoria de Aprendizagem Significativa de Ausubel (Moreira e Masini, 1982) com a atitude *Daseinsanalítica* (Heidegger, 1982) de aproximar-se e compreender o ser que aprende para acompanhá-lo em seu ato de aprender primeiro enfoque brasileiro em Psicopedagogia que oferece uma abordagem teoricamente fundamentada e embasada em pesquisas no contexto educacional brasileiro. Em 2002, foi publicado o capítulo "Prolongamentos" (Masini, 2002), que relata as atividades da Psicopedagogia Mackenzie de 1998 a 2002. Três outros livros foram publicados, em 1999, 2000 e 2003, com os textos das atividades de três Ciclos de Estudos.

Foram realizados cinco Ciclos de Estudos: Ciclo I — O Ato de Aprender; Ciclo II — A Ação Psicopedagógica; Ciclo III — Condições para Aprender; Ciclo IV — Jor-

O PSICOPEDAGOGO NA ESCOLA 95

nada de Reflexão sobre a Prática em Psicopedagogia; Ciclo V — Aprender e Não aprender — Identidade e especificidades da Psicopedagogia. Cada um dos ciclos realizado constituiu um passo em direção aos objetivos desse espaço. No primeiro ciclo, comunicações nas mesas-redondas e a coordenação de oficinas foram realizadas por profissionais renomados. No segundo ciclo, além das atividades de profissionais renomados, participaram ex--alunos de cursos de Psicopedagogia, com depoimentos sobre sua formação nesses cursos. No terceiro ciclo, além das atividades de profissionais renomados, ex-alunos de cursos de Psicopedagogia apresentaram pôsteres sobre suas atuações na instituição e na clínica, sobre recursos e vivências em suas ações psicopedagógicas. No quarto ciclo, as atividades ficaram inteiramente a cargo de ex--alunas de Psicopedagogia, que apresentaram suas monografias de encerramento de cursos de especialização, selecionadas entre as de conceito A, e tiveram como interlocutores outros ex-alunos de cursos de Psicopedagogia, para dialogarem sobre o trabalho realizado. O V Ciclo foi constituído de depoimentos, palestras e oficinas, em uma proposta de complementação do saber cotidiano e do saber acadêmico, nos quais contribuíram jornalistas, professores universitários e especialistas na área da Psicopedagogia, oferecendo recursos, situações de vivência e reflexões sobre o aprender na situação educacional de alunos e das escolas.

Os ciclos de estudos acompanharam as diretrizes do curso. A temática de cada ciclo foi emergindo, passo a passo, com o andamento das reflexões da equipe de professores sobre o que ocorria nas diferentes turmas, nas disciplinas — tanto as voltadas a desenvolver e ampliar a percepção do aluno psicopedagogo sobre ele próprio e sobre ele junto a outro ser humano (aluno, cliente, supervisores, colegas, professores do curso) —, como as ligadas ao processo de aprendizagem em diferentes situações e campos específicos do conhecimento e das disciplinas planejadas para oferecerem subsídios aos alunos de Psicopedagogia para acompanharem o ato de aprender e seus possíveis bloqueios. O currículo, seguindo a meta geral do curso, foi desenvolvendo sua programação em conexão com o *sentido* e *compreendido* pelos alunos em suas atividades ligadas ao aprender, incentivando-os, por meio de discussões, vivências, trabalhos, seminários e projetos, ao exporem suas práticas e refletirem sobre elas à luz dos elementos teóricos oferecidos pelos docentes. Dessa forma, os ciclos de estudos como o curso foram sendo definidos a partir da reflexão da equipe sobre as atividades e as interações com as sucessivas turmas, suas características e necessidades que iam fluindo, reiterando suas diretrizes.

Capítulo IV

Ilustrações de Psicopedagogia Educacional

A relevância da Psicopedagogia Educacional, foco desta obra, pode ser delineada frente a dois itens: ao cenário do século XXI de mutações e profusão de informações, no qual o aprendiz enfrenta o desafio de perceber, criticar e preservar a autonomia de pensar e elaborar, ao invés de passiva e mecanicamente repetir informações; à situação educacional insatisfatória, do ensino médio, no qual os índices de avaliação estão abaixo do esperado, acompanhados de elevados índices de abandono e os resultados nos exames do Pisa (avaliação internacional do desempenho da Educação), em que o Brasil aparece nos últimos lugares.

É nesse contexto da contemporaneidade e dos dados da escolarização brasileira que se evidencia o significado da Psicopedagogia na Escola perscrutando: 1) a identidade da Psicopedagogia na escola; 2) a viabilização da Psicopedagogia na escola.

Cada um desses itens é explicitado a seguir:

1) A identidade da Psicopedagogia na escola se faz ao estudar o processo de aprendizagem humana, de construção e reconstrução do conhecimento e análise dos fatores que favorecem esse processo

e os que não contribuem para sua ocorrência. Esta focalização da contribuição do psicopedagogo na escola esmiúça seu papel contextual, junto a professores e crianças, em um trabalho diferenciado de consideração às diferentes formas de aprender dos alunos, na realização de um trabalho diferenciado em cada nível de escolarização.

2) A viabilização da Psicopedagogia na escola torna-se item para reflexão frente às várias perguntas de Shirahige (2000, p. 16): a expressão pleonástica "Psicopedagogia na escola" enfatiza o processo de aprendizagem que ocorre na escola? Está delimitando uma área em que ela ocorre? Está conferindo à expressão mais clareza ou referindo ao óbvio? Há necessidade de falar do óbvio esperado do processo de escolarização? É óbvio que a escola ou sistema educacional está produzindo aprendizagem?

O breve esboço histórico da Psicopedagogia Educacional, apresentado a seguir, desvela a contundente contribuição deste enfoque que pergunta sobre a aprendizagem e a função da escola nesse processo, no panorama da educação nacional. Pode-se assinalar que o despontar da Psicopedagogia Educacional que esta obra focaliza ocorreu no Instituto Sedes Sapientiae, em São Paulo, no primeiro Curso de Especialização em Psicopedagogia, sob a coordenação de Masini (1978), cujo objetivo foi fornecer recursos a profissionais para compreenderem e lidarem com o processo de aprendizagem — condições que facilitassem o processo e recursos que prevenissem problemas, em situações reais. O primeiro curso de pós-graduação *lato sensu* em Psicopedagogia Educacional, organizado e sob a coordenação de Masini, teve início em 1985, na Universidade São Marcos, em São Paulo. Esta abordagem educacional em curso de pós-graduação *lato sensu* foi também desenvolvida na Universidade Presbiteriana Mackenzie, nos anos de 1998 a 2008, organizado e coordenado por Masini (1998, 1999, 2000, 2003, 2005, 2008). Esses cursos desencadearam inúmeras publicações e exposições em eventos. São, no entanto, os dados de experiências educacionais e de pesquisas que validam a relevância da Psicopedagogia Educacional e evidenciam seu significado na escola, conforme apresentação a seguir.

Este capítulo expõe situações registradas e analisadas que evidenciam o resgate de uma visão global do ser humano no seu ato de aprender, na área de estudos voltada para o processo do aprender humano: a Psicopedagogia. Constitui uma exposição de práticas e pesquisas realizadas, em diferentes situações e períodos, que demonstram formas de viabilização da proposta desta obra: o ser humano no seu processo de aprender focalizado na sua totalidade, na individualidade e singularidade de ser social; na abrangência de ser corpo (sentir/perceber) de ser afetividade (desejos, interesses, valores, necessidades) de ser pensamento (conceitos, ideias e reflexão). Apresen-

O PSICOPEDAGOGO NA ESCOLA 101

ta experiências e pesquisas desenvolvidas pelo psicopedagogo educacional, cuja ação deixou de ser um atendimento individualizado ao aluno com dificuldades de aprendizagem, tornando-se um trabalho colaborativo junto à equipe da escola.

1. Experiências transformadas em pesquisas

1.1 Uma experiência psicopedagógica em creche

São apresentados a seguir recortes de uma experiência de educação infantil, que desenvolveu atividades para despertar a sensibilidade e a percepção — de crianças de zero a quatro anos e seus educadores — como caminho desencadeador do processo de aprendizagem.

A Creche Betel, situada na periferia da cidade de São Bernardo do Campo, estado de São Paulo, foi o local em que ocorreu essa experiência educacional — um dos projetos socioeducativos da Associação Presbiteriana de Assistência Social (Aspas).

Essa ação psicopedagógica, sob a responsabilidade de uma coordenadora/educadora, levou-a à sua dissertação de mestrado defendida no programa de pós-graduação "Educação, Arte e História da Cultura da Universidade Presbiteriana Mackenzie — Cardoso (2013) — que registrou o entrelaçamento de um plano de formação das professoras e de sua atuação junto às crianças.

A mola propulsora dessa proposta de ação de educação infantil foi a constatação da realidade escolar — professoras desmotivadas em sua prática pedagógica, distantes de seus alunos e colegas de trabalho, priorizando propostas mecânicas, ausentes de reflexão — o que levou a coordenadora a investir em uma formação continuada das professoras da Creche Betel, por meio do estudo de livros e textos que dessem embasamento para a aprendizagem que se pretendia propiciar.

1.1.1 Plano de formação das professoras

A coordenadora e a equipe de professoras decidiram realizar reuniões para elaborar um plano, que contemplasse a sensibilidade e percepção na educação infantil, considerando a necessidade de aprimorar, na prática, esses conceitos que ausentes tem mantido os sentidos anestesiados. Os objetivos, conteúdos e metodologia desse plano de formação foram organizados de maneira que agregassem estratégias para ampliar a sensibilidade e percepção da equipe de professoras em suas ações pedagógicas.

Em todos os encontros, discutiu-se textos de livros inerentes ao tema estudado, numa maneira próxima das educadoras prontas a ouvir. Esses momentos de reunião contribuíram para uma maior proximidade da equipe, que trocava suas experiências de sala de aula e compartilhava o que estava dando certo. As dinâmicas ao final de cada

O PSICOPEDAGOGO NA ESCOLA

reunião, eram aguardadas como a criança que aguarda os docinhos de uma festa! A participação era assídua, todos queriam expor suas ideias e sensações e levavam para multiplicar em sala de aula com as crianças.

Do registro do ocorrido no desenvolvimento do plano de formação de professores, que teve a duração de oito meses, são apresentados alguns excertos, de vivências de exploração dos sentidos proporcionadas à equipe a fim de aguçar a percepção.

Em uma primeira experiência, a coordenadora solicitou que as professoras colocassem vendas nos olhos, propondo que descobrissem, pelo tato, quais objetos eram colocados em suas mãos.

No início de sua formação, a professora S apresentava-se às reuniões sempre com receio de falar e com semblante sério. A sua postura em sala de aula não era muito diferente, suas ações pareciam engessadas por propostas de aprendizagem mecânicas, ausentes de reflexão e seu rosto muitas vezes mostrava-se apreensivo. As crianças aproximavam-se mais da auxiliar de classe do que da professora. Em alguns momentos da rotina, como, por exemplo, nas rodas de conversa, a professora S não esperava a criança concluir sua fala e já fazia outra pergunta a outra criança e demonstrava estar preocupada com o tempo e em cumprir a rotina do dia.

Em outras propostas, as professoras vendadas foram convidadas a diferentes explorações dos sentidos: do olfato, do paladar, da audição. Em seguida, as professoras descreviam suas sensações, sentimentos, percepções e muitas vezes o que achavam que era o objeto explorado. Comentavam no momento de reflexão que as pessoas apresentam maneiras diferentes de perceber. As propostas — recheadas de momentos lúdicos, e de constantes reflexões sobre o tema em foco nas reuniões — aguçaram nelas a sensibilidade e o perceber, e mostraram que se envolviam de mente e corpo nas ações pedagógicas com o objetivo de entrar em contato com o objeto do conhecimento; transformaram a maneira de enxergar a educação da professora S. Muitas vezes, ao passar em frente a sua sala de aula, a coordenadora notou que ela estava agachada, ouvindo o que a criança tinha a dizer e valorizando aquele momento, em uma postura completamente diferente da anterior.

1.1.2 Atuação das professoras junto às crianças

São apresentados os reflexos da ação pedagógica dos encontros de formação realizado pela coordenadora: as experiências oferecidas às crianças, pelas professoras frente à classe, de vinte crianças, exigindo muito de sua disposição física e psicológica.

Esta exposição restringe-se à professora S e à aluna A, selecionadas por terem apresentado inicialmente algumas dificuldades. A professora S, como relatado, resistente em se aproximar da criança e perceber suas necessidades;

O PSICOPEDAGOGO NA ESCOLA 105

a aluna A, pelo embaraço com relação à socialização e à aprendizagem. As situações a seguir ilustram mudanças de atitudes e os ganhos em diferentes situações e atividades. A afirmação da professora S, sobre sua atuação, exemplifica como se aproximou da criança e esteve atenta às suas necessidades.

Temos investido em propostas que possibilitem o desenvolvimento da linguagem oral de nossa pequena, como: ateliê e espaços abertos para artes, rodas de conversa, leitura e contação de história de histórias, brincadeiras e situações do cotidiano da criança que favoreçam o desenvolvimento da oralidade. [...] Procuramos nos aproximar de A e dar atenção às expressões da aluna e sempre a convidamos para participar, para que ela compreenda o porquê das ações desenvolvidas e para aprimorar a sua interação com os colegas da turma. (Professora S)

Esses fatores contribuíram para que A ampliasse seu repertório de saberes, incluindo seu vocabulário e possibilidades de fala, e descobrisse uma aprendizagem significativa para sua vida.

Este semestre foi gratificante observarmos o significativo avanço no desenvolvimento de A em todos os aspectos. A aluna ainda não possui uma comunicação oral clara, mas ela já repete algumas palavras e frases, e tem se aproximado mais dos colegas da turma. [...] No Projeto de Parlendas chamado "Brincando com as Palavras", desenvolvido com a turma, demonstrou bastante interesse. Uma de suas preferidas é "Serra, Serra, Serrador", visto que ela gosta de brincar e cantar esta música com seus colegas. Continua demonstrando muito gosto por manuseio de livros, ela folheia e aponta para as ilustrações que reconhece o nome como, por exemplo, a borboleta. (Professora S)

A professora S passou a desenvolver suas atividades considerando as necessidades específicas da criança, aproximando-se dela de modo mais sensível, mais perceptiva, acolhedora, capaz de lhe propiciar aprendizagem. O desenvolvimento da criança foi notório, com as atividades planejadas que garantiram a exploração dos sentidos do corpo e o despertar da percepção na primeira infância. Ilustrou que a criança, quando tem sua percepção corporal trabalhada, torna-se um sujeito autônomo, mais seguro e feliz. Os dados do conjunto do registrado e analisado permitem afirmar que o processo de educação infantil resultou em ganhos para a professora S e para a aluna A, no relacionamento, nas atitudes, propiciando aprendizagem de modo significativo.

1.2 Experiência psicopedagógica na Educação do Campo Capixaba

A exposição a seguir é constituída de recortes da dissertação de mestrado de Pimentel (2014), intitulada "Qualidade de Ensino — Aprendizagem nas salas multisseriadas na Educação do Campo Capixaba" defendida no programa de pós-graduação "Educação, Arte e História da Cultura", da Universidade Presbiteriana Mackenzie.

A escola do campo esteve à margem dos espaços de debates e estudos no contexto de qualidade da oferta do ensino na Historia da Educação no Brasil. O reflexo dessa negligência de políticas públicas educacionais e sociais resultou no êxodo rural, na má qualidade no processo de formação dos educadores do campo e no grande número de escolas multisseriadas fechadas, nas comunidades campesinas. Diante desse cenário, é importante a promoção de programas de formação inicial que atendam às demandas da educação do povo camponês e investigações para melhoria e qualidade da aprendizagem neste contexto.

Em uma experiência psicopedagógica, de acompanhamento a professoras das escolas multisseriadas do campo, uma educadora registrou algumas dificuldades para realização de um trabalho que garantisse a aprendizagem das crianças: a exigência do planejamento diário de aulas, para atender, ao mesmo tempo, turmas do primeiro ao quinto ano do ensino fundamental, em todos os componentes curriculares; um planejamento que não atendia às especificidades daquela clientela, por ser a referência dos currículos o das escolas urbanas, ignorando os saberes que as crianças haviam construído ao logo de sua trajetória familiar; comprometimentos no desenvolvimento do processo de ensino, pela demanda de planejamento diferente do apropriado à clientela que atendia;

ausência de uma proposta que facilitasse a prática docente, dificultando o trabalho pedagógico.

Essa experiência teve como diretriz a pergunta: Qual deve ser a proposta adequada para o trabalho nas escolas multisseriadas do campo? Para identificar as melhores alternativas que auxiliassem os professores dessas escolas, sua investigação detalhou as características: 1) das boas práticas pedagógicas que assinalaram um processo de ensino-aprendizagem apropriado para a sala multisseriada do campo; 2) de boa qualidade e efetividade da prática docente, no processo ensino-aprendizagem.

São apresentados a seguir recortes do trabalho de Pimentel (2014), que ilustram sua ação junto às professoras e alunos nessa experiência em educação do campo capixaba.

1.2.1 Ação psicopedagógica

Na busca de alternativas que auxiliassem os professores das escolas multisseriadas, em práticas pedagógicas de boa qualidade e efetividade da prática docente, no processo ensino-aprendizagem, a autora resgatou, da Teoria da Aprendizagem Significativa (TAS), de Ausubel (1963), o seguinte leme para sua investigação: o principal fator que influencia a aprendizagem é aquilo que o aluno já sabe, aquilo que tem em sua estrutura de conhecimentos. Assim, a autora mesclou as características de vida dos alunos com a TAS, para acompanhar as condições pedagógicas da educação dos sujeitos da pesquisa e utilizou os princípios dessa teoria de forma apropriada para a coleta e análise dos dados.

Os sujeitos da pesquisa foram duas educadoras que atendiam turmas de 1º ao 5º ano e atuavam nas disciplinas da Base Nacional Comum (BNC), dois estudantes do 3º ano, que encerravam o ciclo de alfabetização, e dois estudantes do 5º ano, que encerravam o primeiro ciclo do ensino fundamental.

Os dados da pesquisa foram de dois tipos: do material escolar dos alunos e professoras, e das entrevistas com as professoras. O material escolar foi selecionado do *Caderno* da realidade (registros dos conteúdos estudados por meio de pesquisas, roteiros e relatórios de visitas de estudo bem como do caderno de acompanhamento onde são desenvolvidas as avaliações de habilidades e convivência realizada trimestralmente); da autoavaliação do aluno do terceiro trimestre; do planejamento de ensino da quinta quinzena do último trimestre da disciplina de Ciências. A entrevista com as professoras versou sobre o desenvolvimento das atividades de Ciências da quinta quinzena do último trimestre.

A análise dos dados do *Caderno* da realidade, dos alunos e das entrevistas com as professoras, mostrou que o leme da autora para sua investigação fez-se presente na condução pedagógica. Todo levantamento prévio de conhecimentos que os estudantes faziam sobre

110 ELCIE F. SALZANO MASINI

o assunto a ser estudado era desenvolvido com a família no período da estadia letiva, que era um tempo previsto em calendário para que as crianças desenvolvessem atividades juntamente com seus familiares. Chama a atenção, nesse sentido, nos registros dos estudantes, o envolvimento das famílias nas atividades. Ao educador, nas escolas do campo, cabe compreender que, nesse espaço, estão sujeitos que produzem suas condições culturais e materiais.

A análise das entrevistas evidenciou a preocupação das professoras com os tipos de atividades propostas para a promoção do conhecimento: utilização de fontes de pesquisa como livros e internet, mas, também, de sempre recorrer a saberes populares, com pessoas da comunidade como os profissionais da saúde, que participavam da comunidade, realizando palestras ou vivências, contribuindo e envolvendo-se nas atividades escolares.

Para ilustrar os reflexos da ação psicopedagógica junto a professoras e alunos, são apresentados dados da professora com a aluna Nina.

No Plano de estudos da professora para o trabalho com os alunos, constou, entre os temas: a alimentação saudável, o cuidado com o ambiente em que se vive, mantendo limpo o quintal evitando insetos e doenças.

A análise da terceira coluna do Quadro 4 referente a "o que a estudante aprendeu", mostra que a aluna, em suas atuações, revelou que havia aprendido significativa-

Quadro 4
Ensino de uma unidade de Ciências para o 3º ano — Aluna Nina

Conteúdo a ser ensinado	O que o(a) estudante conhecia sobre o tema	O que o(a) estudante aprendeu
Compreender a importância de se ter bons hábitos de higiene e alimentares para a garantia de uma vida saudável. Lavar frutas e verduras antes do consumo. Conservação dos alimentos. Incentivo ao consumo do alimento da própria horta.	Consumo de alguns alimentos: frutas e verduras saudáveis disponíveis na comunidade. Comer comidas menos gordurosas, pois fazem mal à saúde.	Conforme depoimento dos pais, em reunião pedagógica e nas visitas realizadas às famílias, as crianças relataram para a família a importância da alimentação saudável.
Prevenção de doenças comuns: dengue, hanseníase, verminoses, doenças de pele. Plantio da horta escolar.	Uso de chá para prevenção e tratamento de doenças. Pesquisou com a família o uso de chás, o modo de preparo e a indicação, fazendo a ilustração de cada planta.	Em visita às famílias das crianças, a professora observou que o conteúdo trabalhado foi muito significativo para os estudantes, mostrando para eles a necessidade de terem em suas casas uma horta com plantas medicinais para o uso da família, bem como o uso de chás, dentre os quais, broto de goiaba, boldo, erva-doce, entre outros, para curar verminoses.

mente ao organizar e compreender e pôr em prática o que era ensinado. É importante assinalar que nas escolas multisseriadas, ao não contarem com equipe de apoio pedagógico na escola, as merendeiras também contribuíam para o desenvolvimento de algumas atividades práticas como nos trabalhos na horta escolar, onde foram plantadas, além das hortaliças e legumes, algumas plantas medicinais que foram cultivadas, cuidadas pelos estudantes, educadoras e merendeiras.

Na entrevista, a professora relatou que Nina era muito atenta e participava de todas as atividades propostas, para todas as disciplinas, mas apresentava dificuldades de relacionar-se com outros estudantes. Durante o ano letivo, foram realizadas muitas atividades em grupo com a intenção de promover a participação e integração entre os colegas. Tanto nas aulas de agricultura como de ciências foram realizadas atividades em grupos, que foram muito favoráveis, pois nas atividades realizadas na sala e na horta, a estudante teve que interagir com os demais, principalmente porque teve que realizar atividades em que cada dupla ou grupo eram responsáveis por uma etapa do trabalho. Foi observado que as dificuldades foram superadas.

A relevância deste tema está nos dados registrados e analisados da experiência das escolas pesquisadas, que podem indicar caminhos para a construção de propostas que promovam um ensino apropriado para as salas multisseriadas do campo Capixaba.

2. Pesquisas

2.1 Percepção, concepção e práticas de professores sobre dificuldades de aprendizagem

Os dados aqui apresentados referem-se a uma atividade de pesquisa desenvolvida no Grupo Perceber, do Diretório de Pesquisas do CNPq, em funcionamento na Universidade Presbiteriana Mackenzie, desde 2012. São recortes dos registros da coordenadora da Oficina e de sua orientanda de Iniciação Científica — Caldas e Bonder (2013) — desenvolvida com professoras de uma escola pública municipal da cidade de São Paulo, que teve como objetivo geral registrar e analisar a percepção e a reflexão de professores sobre suas ações referentes ao processo de aprendizagem de seus alunos e, como objetivos específicos, registrar e analisar o que o professor percebia do estudante com dificuldades de aprendizagem, o que compreendia sobre suas potencialidades, sobre os tipos de dificuldades e as situações em que ocorriam.

A meta da oficina foi, por meio de grupos semanais com as professoras, discutir situações de sala de aula sobre o que percebiam e compreendiam do ato de aprender do aluno. A expectativa era de que a exposição das situações específicas propiciasse a reflexão sobre o encaminhamento apropriado para que a aprendizagem ocorresse e a dificuldade fosse esclarecida e ultrapassada.

2.1.1 Ação psicopedagógica junto às professoras

A pesquisa foi composta por sete encontros temáticos, em forma de oficinas, com grupo de professoras do Ensino Fundamental I. No total, participaram da pesquisa dez professoras (somente o gênero feminino) e de idades variadas.

Cada uma das sete oficinas contou com atividades, seguida de debate em direção ao compartilhamento de experiências e reflexão. A condução de cada encontro foi feita pelas responsáveis pela oficina. O registro das falas foi feito como um sistema de anotação simultânea ao longo dos encontros. A intervenção, a partir da reflexão sobre questões do que favorecia ou dificultava a prática docente frente à inclusão, proporcionou a transformação de atitudes e práticas no cotidiano escolar.

A proposta inicial foi a de investigar a percepção, concepção e práticas de professores sobre as dificuldades de aprendizagem, contudo, frente às opções temáticas oferecidas sobre situações educacionais a serem trabalhadas, as participantes optaram pelo tema inclusão. Ampliou-se, assim, a temática sobre as dificuldades de escolarização, com enfoque na inclusão, para refletir sobre a prática docente, considerando suas potencialidades e limites para viabilizar a inclusão. Ficou estabelecido que a concepção de dificuldade de aprendizagem a ser focalizada dizia respeito aos bloqueios — duradouros ou passageiros, encontrados pelos alunos, referentes à assi-

O PSICOPEDAGOGO NA ESCOLA

milação dos conteúdos ensinados — que levavam o aluno a ter baixo rendimento, reprovação, atraso em sua escolarização, necessidade de ajuda especializada ou evasão da escola.

O grupo, a partir do relato do vivenciado pelas professoras sobre dificuldades na escolarização e os possíveis encaminhamentos e suas especificidades, discutia essa orientação, contrapondo-a à tendência de direcionar, isoladamente, para o aluno, a causa do mau rendimento escolar. Ficava ressaltada a importância da orientação psicopedagógica e de mais estudos e aprofundamento de olhar para além de uma instância, como responsável única pelas dificuldades de aprendizagem-reflexo da visão de mundo que nega as influências sociais e institucionais e explica a realidade a partir de justificativas psíquicas. Enfatizou-se, desse modo, a relevância de considerar o aluno contextualizado, considerando suas características sociais e individuais, para viabilização de uma educação inclusiva.

A reflexão com o grupo permitiu repensar o sentido da prática docente, que, ao mesmo tempo em que ensina, aprende, ilustrando que a teoria já existe, tendo o trabalho psicopedagógico desenvolvido nela estar embasado. A oficina enfrentou o desafio de vivenciar, na prática, o que está na teoria.

Da análise realizada pelas responsáveis por essa ação psicopedagógica em uma escola pública na cidade de São Paulo, foram registrados os itens que seguem e convidam a refletir o que pode contribuir para ampliar a percepção, concepção e práticas de professores sobre dificuldades de escolarização:

- a importância do compartilhamento de experiências e do trabalho coletivo;
- a diferença entre acreditar no potencial de desenvolvimento de cada criança e duvidar de seu potencial;
- a diferença entre o processo de inclusão, quando o docente olha para a criança e quando olha apenas para o diagnóstico como impeditivo da capacidade de aprendizagem e desenvolvimento;
- a diferença entre a crença *versus* descrença no potencial do docente de fazer a diferença na vida de crianças ingressas pelo processo de inclusão;
- a diferença encontrada no trabalho do docente frente às práticas escolares, quando acredita que, ao mesmo tempo em que ensina alunos com dificuldades, pode aprender com eles;
- as consequências da desvalorização do trabalho docente, sendo a ele delegadas tarefas e cobranças que este considera não ser de sua alçada.

2.2 Psicopedagogia na escola — buscando condições para a aprendizagem significativa

Retoma-se aqui uma pesquisa realizada há mais de vinte anos, que ilustra a concepção da Psicopedagogia

Educacional deste livro e a viabilização da atuação de psicopedagogos em escolas públicas da cidade de São Paulo. Fundamentada na Teoria da Aprendizagem Significativa de Ausubel (1963), ilustra ações cujo objetivo central foi o de salvaguardar a identidade do ser em desenvolvimento — as condições nas quais o aprendiz pode atuar e pensar sobre a dimensão e a importância de suas ações. Ciente das limitações impostas pela estrutura do sistema educacional no qual a escola está inserida, essa pesquisa, sem esperar mudanças estruturais e sociais para então pensar no desenvolvimento dos escolares, comprova as possibilidades e a relevância do trabalho de Psicopedagogia na escola.

Seu objetivo central foi o de auxiliar o professor a acompanhar o processo de aprendizagem de seus alunos e a organizar os conteúdos programáticos de forma que eles realizassem Aprendizagem Significativa, definida por Ausubel (1963) como aquela em que o aprendiz compreende o que é ensinado e elabora os dados adquiridos.

Participaram ativamente dessa investigação uma pesquisadora responsável que organizou o ocorrido em livro (Masini, 1993) e duas psicopedagogas, Edna Maria Santos e Elena Etsuko Shirahige, que coordenaram, cada uma, um grupo de três professoras da 3ª série do ensino fundamental, com encontros semanais referentes às áreas de "Expressão e Comunicação" e de "Matemática", durante o ano letivo de 1990. O registro por escrito dos encontros era feito pelas psicopedagogas.

São apresentados recortes dessa investigação que focalizou o aluno em situação de aprendizagem e registrou o que ocorreu em classe na relação professor-aluno — lidando com a complexidade das condições, sem reduções ou simplificações — em diferentes momentos de um ano letivo. Esse procedimento fundamentou-se na concepção de que a experiência educacional devidamente registrada constitui material para a pesquisa científica sobre escolarização e aprendizagem e evita a dicotomia entre o que constitui pesquisa científica e o que ocorre na escola. São explicitados, a seguir, motivos que levaram à realização desta investigação em aprendizagem escolar:

— oferecer um material acessível ao professor, na sua própria linguagem (na descrição de situações de professores junto aos alunos e à psicopedagoga);

— pôr em evidência o que facilita ou impede a Aprendizagem Significativa nas situações descritas;

— voltar-se para a totalidade dos processos envolvidos na Aprendizagem Significativa, evitando fragmentações decorrentes de ater-se a aspectos isolados;

— evitar o perigo das conclusões baseadas em reducionismos que, embora facilitem o contato com os "resultados", poderia estar conduzindo a concepções parciais e a explicações duvidosas, na ausência de consideração ao conjunto dos dados envolvidos.

O relato e a reflexão de uma pesquisa com este enfoque não poderia ter como parâmetro a brevidade da lei-

O PSICOPEDAGOGO NA ESCOLA 119

tura de dados concisos e reduzidos e das conclusões e comentários do autor sobre estes. É indispensável oferecer ao leitor a possibilidade de acompanhar as situações descritas e as questões nelas surgidas, incentivando-o a pensar sobre seus próprios recursos para encaminhá-las.

Neste sentido, foram selecionados os recortes que permitem um visão conjunta da proposta e ilustração do realizado pelas psicopedagogas junto às professoras em cada uma das áreas pesquisadas.

A pesquisa constou de três etapas: 1ª) exploratória referente ao levantamento das características gerais dos alunos da 3ª série, frente à programação de conteúdos adquiridos e dificuldades. Desses dados foi definido o conteúdo específico a ser trabalhado na segunda etapa; 2ª) ação das psicopedagogas junto às professoras objetivando: organizar os conteúdos programáticos e o desenvolvimento de recursos para facilitar o processo de Aprendizagem Significativa, sua identificação e avaliação; 3ª) reflexão sobre a análise dos dados registrados na segunda fase.

Os registros por escrito da segunda fase foram realizados pelas psicopedagogas. Esses dados foram analisados independentemente pela psicopedagoga que os registrou e a reflexão e o registro desta foi feito com a responsável pela pesquisa e as duas psicopedagogas.

São apresentados a seguir recortes da pesquisa na área de "Expressão e Comunicação", realizada pela psicopedagoga Elema E. Shirahige e recortes da pesquisa na área da "Matemática", realizada pela psicopedagoga Edna Maria Santos.

2.2.1 Área de "Comunicação e Expressão"

Foi retomado, com as três professoras que compunham seu grupo, o sentido da Aprendizagem Significativa de propiciar condições para que as crianças compreendessem que era nessa disciplina que elas aprenderiam a se expressar e comunicar com clareza o que sentiam e pensavam, bem como entenderiam o que os outros escrevessem.

Dois eixos foram trabalhados: A) produção de textos; B) leitura e interpretação de texto.

Na produção de textos diferentes condições foram oferecidas para a ocorrência da aprendizagem significativa, conforme breve descrição a seguir.

A1) *Elaboração de texto coletivo.* Considerando a facilidade que os alunos apresentavam para relatar suas vivências em sala de aula e as dificuldades em escrever, as professoras propuseram a realização de um texto coletivo, com a participação e elaboração de toda a classe. Os alunos oralmente iam compondo um relato e a professora servindo como escriba ia anotando na lousa o texto. Daí surgiu a atividade de composição de textos em grupos, nas classes.

A2) *Troca de correspondência entre as classes.* As professoras conversaram com seus alunos e solicitaram que cada grupo escrevesse um fato que havia acontecido em suas férias e que quisesse comunicar a colegas de outras classes. Cada professora leu para seus alunos a correspondência vinda da outra classe e os grupos escolheram responder para os grupos que enviaram correspondência de outras classes. Segundo as professoras, os alunos mostraram-se empolgados e não queriam mais parar de escrever. Houve diferença no procedimento das professoras ao propor a atividade a seus alunos.

A3) *Elaboração do texto individual.* Para esta atividade as professoras procuraram escolher um tema que tivesse sentido para os alunos. Optaram pelo tema "Meus sonhos", considerando que preenchia esse requisito e talvez facilitasse o processo de elaboração do texto. Cada uma das três professoras tiveram procedimentos diferentes ao solicitar o texto: uma professora pediu que cada aluno escrevesse o que quisesse e as outras duas pediram que escrevessem sobre o sonho como desejos e não sobre os sonhos que tinham durante o sono.

Na leitura e interpretação de textos, duas condições foram oferecidas para a ocorrência da aprendizagem significativa, conforme breve descrição a seguir.

B1) *A leitura e compreensão da correspondência*, que envolvia a transmissão e comunicação de ideias, como também daquilo que foi escrito por outros. Isso, porém, era visto como diferente da interpretação de textos e por esse motivo introduziu-se um outro tipo de atividade.

B2) *Leitura de livros.* Para a realização dessa atividade buscou-se o interesse dos alunos para a seleção do texto a ser lido. As professoras escolheram alguns textos e tiveram procedimentos variados para que os alunos fizessem a interpretação: leitura para os alunos dramatizarem a história; leitura para que no dia seguinte um aluno reproduzisse a história oralmente; distribuição de cópia do texto para os alunos, a fim de escreverem o que haviam entendido.

O texto de leitura individual revelou-se um recurso limitado para a avaliação da compreensão e expressão de ideias em relação à correspondência e à interpretação dos textos lidos na classe pela professora.

Em quaisquer das atividades propostas, ficou evidente que havia ocorrido aprendizagem significativa quando os alunos relatavam situações e expressavam seus sentimentos e interesses. O contrário pode ser dito nas situações em que aparecia com clareza a dicotomia entre o conhecimento do dia a dia e o conhecimento da escola, onde surgiam limites dos alunos para expressarem seus sentimentos e interesses.

2.2.2 Área de "Matemática"

Como havia ficado estabelecido pela psicopedagoga Edna Maria Santos com seu grupo de três professoras, o

O PSICOPEDAGOGO NA ESCOLA

princípio para identificar a Aprendizagem Significativa em Matemática foi de que os alunos realizassem essas atividades utilizando sua própria organização e compreensão ao realizar cálculos e resolver problemas. A proposta era de que as professoras proporcionassem condições para que os alunos fizessem a relação entre o conteúdo formal ensinado e atividades da Matemática em seu cotidiano, para que compreendessem que a escola oferecia recursos para representarem por escrito o que faziam mentalmente, ao comprarem chocolates, dividirem as bolas de gude, trocarem e dividirem figurinhas. Para isso, era imprescindível que as professoras conhecessem as formas de organização e raciocínio de seus alunos, bem como suas diferentes maneiras de resolver problemas.

Diferentes etapas foram percorridas para se oferecer condições para que a Aprendizagem Significativa nesta área ocorresse conforme elencadas a seguir.

A) Construção e resolução de problemas

A1) *Levantamento de vivências dos alunos relacionadas à Matemática.* As professoras solicitaram às suas classes que contassem em que situações fora da escola utilizavam a matemática, fazendo contas e resolvendo problemas. Os alunos responderam que faziam pequenas compras para seus pais, tais como pão, leite, cigarros, mostrando fazer uso do dinheiro em pequenas quantias, para gastos domésticos e compra de doces e balas. Fizeram também referência ao uso da matemática em seus jogos: os meninos com bolinhas de gude, figurinhas, e as meninas com as contagens de pontos na queimada e na amarelinha.

A2) *Elaboração coletiva de problemas a partir das vivências.* Os problemas eram elaborados a partir de relatos das experiências das crianças com uso de dinheiro, com a participação da classe toda e o problema redigido na lousa pela professora. As crianças entusiasmavam-se com a possibilidade de relatar suas experiências e era difícil para as professoras organizar as várias falas que ocorriam ao mesmo tempo. Na classe, no entanto ainda havia, os que perguntam, frente aos problemas na lousa "é de mais?" ou "é de menos" No "grupo de professoras" com a psicopedagoga a partir dos encaminhamentos discutidos e sugeridos, as professoras retomaram a situação de resolução no sentido da criança compreender o raciocínio que realizavam mentalmente, sem saber representá--los no papel.

A3) *Elaboração e resolução de problemas individualmente.* Da dificuldade da construção de problemas coletivos surgiu a proposta de os alunos, individualmente, elaborarem e solucionarem problemas. Foi uma forma de contornar a ansiedade de todos quererem relatar a situação problema. Propôs-se aos alunos que redigissem os problemas em casa e depois colocassem na lousa para todos resolverem, também, individualmente.

No "Grupo de professoras" estas testemunharam o progresso dos alunos no raciocínio e encaminhamento das operações ao solicitarem a "Elaboração de problemas" a partir do que cada aluno costumava "resolver" na sua vida diária. A análise dos problemas elaborados e solucionados individualmente pelos alunos revelou, ainda, a permanência de dicotomia entre a matemática vivida, e aquela desenvolvida na escola. Isso se evidenciava nos problemas em que apareciam: compras de quantias absurdas (centenas de ovos); operações efetuadas que mostravam falta de elaboração do aluno; cópia de enunciados anteriormente dados pela professora.

Na análise da produção do aluno (considerada individualmente em um processo longitudinal) e da classe (considerada em suas características e peculiaridades) foram identificados ganhos na elaboração e organização do conhecimento, em oposição à simples memorização e repetição. Foram, porém, ainda localizados na área de "Matemática" respostas mecânicas, indicando que estes repediam o ensinado e não elaboravam.

CONSIDERAÇÕES FINAIS

Buscou-se nesta obra oferecer ao leitor a oportunidade de se aproximar da Psicopedagogia Educacional e suas especificidades e do psicopedagogo na escola conhecendo a singularidade de sua ação. No sentido de tornar mais claro seu significado e relevância procurou-se contextualizar a Psicopedagogia na escola, frente à Educação e à política educacional. Os movimentos de instituições em defesa da definição da Psicopedagogia como área autônoma e contra ela, assim como a oficialização da profissão do psicopedagogo no Brasil, mostraram a complexidade de interesses emaranhados nessas questões.

Em linhas gerais, o que se tentou foi expor um ponto de vista sobre a Psicopedagogia por meio da apresentação de: 1) concepções e seus embasamentos teóricos sobre a Psicopedagogia, em um breve delineamento histórico de diferentes contextos e épocas; 2) posicionamento de profissionais de diferentes áreas a respeito da Psicopedagogia; 3) características e especificidades da

Psicopedagogia educacional; 4) dados de experiências, e de investigações sobre a ação psicopedagógica na escola.

Um breve histórico de como se estudou e lidou com o aluno em sua escolarização mostrou como a definição de Psicopedagogia, bem como sua identidade, envolve a concepção de escola, educação e política educacional e seus fundamentos teóricos: conforme exposição no Capítulo I, a Psicopedagogia surgiu da necessidade de atendimento e orientação a crianças que apresentavam dificuldades ligadas à sua escolarização, mais especificamente à sua aprendizagem. Procurava-se saber por que ocorria essa problemática, avaliando e diagnosticando a criança, física e psiquicamente. Envolvidos nessa busca estavam professores, psicólogos, médicos, fonoaudiólogos, psicomotricistas. Nessa primeira etapa da história da Psicopedagogia, todo diagnóstico recaía sobre a criança, o que, implicitamente, significava que nela estava o problema que deveria ser tratado, imbricando uma concepção de educação cujo objetivo era de que o homem deveria estar de acordo com o referencial padrão e adaptado à sociedade. A descrença no diagnóstico, restrito à avaliação física e psicológica da criança, ocorreu na Europa e também no Brasil, tendendo a ampliar os elementos envolvidos na problemática do mau aproveitamento e fracasso escolar. Surgiu, assim, o enfoque no processo de aprendizagem com ênfase no aspecto social, abrangendo a política educacional e questões relativas à alimentação e contextos de vida.

O surgimento no Brasil de Curso de Psicopedagogia Educacional — Curso de Especialização em 1978, e do curso de pós-graduação *lato sensu* em 1985, caracterizou-se por constituir uma proposta pioneira em defesa de condições para que a aprendizagem nas escolas ocorresse, possibilitando ao aluno uso de sua capacidade de compreender e elaborar. Tem constituído um referencial com dados de pesquisa teoricamente fundamentados, que pode fornecer embasamento para a viabilização na prática da Lei n. 15.719, de abril de 2013, para implementar a função de psicopedagogos nas escolas municipais.

Nesta publicação, as experiências educacionais transformadas em pesquisas, e as pesquisas em Psicopedagogia, constituem ilustrações de como na escola foram oferecidas condições para o aluno fazer uso da capacidade de compreender, elaborar, vivenciar e atribuir novos significados ao conhecimento adquirido.

Pode-se, pois, considerar esta obra um material que se oferece à avaliação, à análise e crítica ao enfoque e aos dados registrados da Psicopedagogia Educacional e do psicopedagogo na escola; por outro lado, um testemunho de que a ação interdisciplinar do psicopedagogo junto com o professor, em escolas públicas, é viável.

Espera-se que este livro tenha atingido seu objetivo de caracterizar a Psicopedagogia Educacional e suas especificidades e ilustrar as possibilidades do trabalho na escola, salvaguardando a identidade do aprendiz e esboçando as condições em que este possa atuar, pensar e estar ciente da importância de suas ações, plenamente, da maneira que a afirmação a seguir sintetiza.

> Uma cabeça bem-feita [...] apta a organizar os conhecimentos e, com isso, evitar sua acumulação estéril [...] aptidão a integrar conhecimentos em seu contexto global [...] procurar sempre as relações e inter-retro-ações entre cada fenômeno e seu contexto [...] ao mesmo tempo, reconhecer a unidade dentro do diverso, o diverso dentro da unidade; de reconhecer, por exemplo, a unidade humana em meio às diversidades individuais e culturais, as diversidades individuais e culturais em meio à unidade humana. (Morin, 2008, p. 24-25)

GLOSSÁRIO

Aprendizagem significativa: aquisição de novos significados; pressupõe a existência de conceitos e proposições relevantes na estrutura cognitiva, uma predisposição para aprender e uma tarefa de aprendizagem potencialmente significativa.

Aprendizagem mecânica: aquisição de informações com pouca ou nenhuma interação com conceitos ou proposições relevantes existentes na estrutura cognitiva. O conhecimento é armazenado de forma literal e arbitrária.

Ato de aprender: ação do sujeito durante o seu processo de aprender e a consciência que ele tem do que realiza.

Complexidade: tecido dos acontecimentos, ações, interações, retroações, determinações e acasos que constituem o nosso mundo fenomênico.

Compreender: encontrar acordo entre aquilo que se visa e o que é dado, entre a intenção e a efetuação pelo corpo.

Consciência: é a presença do sujeito no mundo, abertura ao outro como a si mesmo, destinada ao mundo, um mundo que ela não abarca nem possui, mas em direção ao qual ela não cessa de se dirigir.

Corpo: entendido como fonte de sentidos, sujeito da percepção na sua estrutura de relação com as coisas ao seu redor.

Corpo próprio: expressão usada para se referir à experiência corporal própria de cada um.

Descrição: um caminho de aproximação do que se dá da maneira e tal como se dá. Refere-se ao que é percebido, do que se mostra (ou do fenômeno). Não se limita à enumeração dos fenômenos como o positivismo.

Dificuldade aparente: aquela que resulta da falta de mecanismos (ou recursos) auxiliares para a realização das tarefas, incapacitando o aluno para operacionalizar as atividades, que ele pode oralmente mostrar que compreendeu o conteúdo.

Dificuldade real: aquela que resulta da falta de compreensão das condições para compreender, organizar e elaborar o material a ser aprendido, seja por falta de conhecimentos prévios relacionados ao tema, ou disposição para lidar com os próprios limites na específica situação.

Empatia: aprofundamento psicológico do vivenciado para alcançar o real sentido das expressões do outro, com quem está em contato.

O PSICOPEDAGOGO NA ESCOLA

Estrutura cognitiva: conteúdo e organização de representações, conceitos e ideias de uma pessoa, em uma área de conhecimento, ou do conteúdo total do conhecimento.

Existência: consciência enraizada na vida intencional, sua organização típica e sua estrutura concreta na contingência das perspectivas vividas.

Experiência perceptiva: experiência de cada um ao se engajar com o corpo próprio no mundo que o cerca — pessoas e coisas.

Horizonte: o mundo de significados do sujeito.

Idiossincrático: maneira de ver, sentir e reagir, própria de cada pessoa.

Imanente: que está contido em, ou emerge em situação, independentemente de determinantes.

Interpretação: trabalho do pensamento que consiste em decifrar o sentido aparente, em desdobrar os sinais de significação implicados na significação literal. Há interpretação onde houver sentido múltiplo, e é na interpretação que a pluralidade de sentidos torna-se manifesta, nos gestos, símbolos e situações.

Mobilidade: processo, físico ou psicológico, de deslocamento que envolve a habilidade de mover-se com segurança de um ponto a outro, de modo eficiente e autônomo.

REFERÊNCIAS

ADLER, Alfred. *Guiando al niño*. 5. ed. Buenos Aires: Paidós, 1965. [Ed. original em inglês, 1930.] Médico e psicólogo austríaco, Alfred Adler notabilizou-me muito mais por sua... Disponível em: <http://www.febrapsi.org.br/biografias/alfred-adler> Acesso em: 23 abr. 2011.

ALBUQUERQUE, Terezinha L. *Acompanhamento psicológico à professora*. Petrópolis: Vozes, 1972.

AMORIM, Elaine Soares de. *Psicopedagogia*: regulamentação e identidade profissional. Mato Grosso do Sul. Disponível em: <http://www.atelierdeducadores.blogspot.com/.../psicopedagogia-uma-linha-do-tempo>. Acesso em: 17 mar. 2012.

AUSUBEL, D. P. *The psychology of meaningful learning*. New York: Grune and Stratton, 1963.

BELLAT, M. D. *L'inflation scolaire*: lês desillusios de la méritocratie. Paris: Seuil, 2006.

BIGGE, M. L.; HUNT, M. P. *Bases psicológicas de la educación*. México: Editorial Trillas, 1972. [Original em inglês, 1958.]

BOSSA, N. A. *A psicopedagogia no Brasil*: contribuições a partir da prática. Porto Alegre: Artes Médicas, 1994.

BRASIL. MEC/INEP. *Relatório sobre a situação de escolaridade.* Brasília, 1999.

_____. MEC/SEESP. Política Nacional de Educação Especial na Perspectiva da Educação Inclusiva. Documento elaborado pelo Grupo de Trabalho nomeado pela Portaria Ministerial n. 555, de 5 de junho de 2007, prorrogada pela Portaria n. 948, de 9 de outubro de 2007.

CALDAS, R. F. L.; BONDER, D. W. *Percepção, concepção e práticas de professores sobre dificuldades de escolarização.* Projeto de Iniciação Científica, realizado no Curso de Psicologia da Universidade Presbiteriana Mackenzie. São Paulo, 2013.

CAMARGO, S. M. P. Algumas considerações sobre a agressividade, seus desvios, o aprender e a metodologia Ramain-Thiers. In: RUBSTEIN, E. R. (Org.). *Psicopedagogia*: fundamentos para a construção de um estilo. São Paulo: Casa do Psicólogo, 2006.

CAMPOS, M. C. M. Investigando o ato de aprender. In: MASINI, E. F. S. *O ato de aprender.* [I Ciclo de Estudos de Psicopedagogia Mackenzie.] São Paulo: Menon/Mackenzie, 1999.

CARVALHO C. A.; VASSIMON, M. A.; MACHADO M. E. S. et al. 25 anos de psicopedagogia no Instituto Sedes Sapientiae: onde estamos e para onde vamos? *Constr. Psicopedag.,*v. 13, n. 10, 2005.

COLLARES, Cal. Ajudando a desmistificar o fracasso escolar. *Toda criança é capaz de aprender.* São Paulo: FDE, 1989. p. 24-8. (Série Ideias, v. 6.)

DEBESSE, M. Pédagogues et psychologues: un dialogue de malentendants. *Bulletin de Psychologie,* Université de Paris, v. XX, número especial 257, p. 10-15, 1967. (Psychologie et Éducation.)

FAGALI, E. Q. Uma abordagem sobre o conhecimento que visa à integração do homem e do processo de aprendizagem. In: FAGALI, E. Q. (Org.). *Múltiplas faces do aprender*: novos paradigmas da pós-modernidade. São Paulo: Unidas, 2001.

FERREIRO, E. *Alfabetização em processo*. São Paulo/Campinas: Cortez/Autores Associados, 1986.

FONSECA, V. *Educação especial*. Porto Alegre: Artes Médicas, 1987.

GAGNÉ, R. *Como se realiza a aprendizagem*. Rio de Janeiro: Livros Técnicos e Científicos, 1971. [Original em inglês, 1956.]

GATTI, B. A. et al. A reprovação na 1ª série do 1º grau: um estudo de caso. *Cadernos de Pesquisa*, São Paulo, Carlos Chagas, n. 38, p. 3-13, 1981.

HEIDEGGER, M. *Todos nós... Ninguém um enfoque fenomenológico do social*. Introdução, apresentação, notas e epílogo Solon Spanoudis. Tradução e comentário Dulce Mara Critelli. São Paulo: Moraes, 1981.

HENRIOT, J. Les problèmes de la recherche en psychopédagogie. *Bulletin de Psychologie*, Université de Paris, número especial 257, v. XX, p. 10-15, 1967. (Psychologie et Éducation.)

HEUYER, G. Pedopsychiatrie et pedagogie. *Revue Neuropsychiatr Infant*, Paris, v. 14, n. 6, p. 413-8, 1966.

HILGARD, E. R. *Teorias de aprendizagem*. São Paulo: Ed. da Universidade de São Paulo, 1966. [Original em inglês, 1948.]

LACSKO, M. Vozes do povo: o que as crianças não aprenderam. In: MASINI, E. F. S. *O aprender e o não aprender*: psicopedagogia, identidade e especificidade. [V CICLO DE ESTUDOS DE PSICOPEDAGPGIA MACKENZIE.] São Paulo: Vetor Editora, 2008.

LEON, Antoine et al. L'image de la psychopédagogie chez des psychologues et de educateurs: étude comparée de deux revues. *Bulletin de Psychologie*, Université de Paris, número especial 257, v. XX, p. 10-15, 1967. (Psychologie et Éducation.)

LEVISKY, D. L. A psicanálise e a prevenção da violência no meio escolar. In: MALUF, M. I. (Coord.). *Aprendizagem*: tramas do conhecimento, do saber e da subjetividade. Petrópolis/São Paulo: Vozes/ABPp, 2006.

MALUF, M. I. Gerando reflexões. *Psicopedagogia*, revista da Associação Brasileira de Psicopedagogia, v. 70, p. 1, 2006.

MANONNI, M. *L'enfant arrieré et sa Mére*. Paris: Éd. du Seuil, 1964.

_____. *L'enfant sa "maladie" et les autres*. Paris: Éd. du Seuil, 1967.

_____. *Éducation impossible*. Paris: Éd. du Seuil, 1973.

MASINI, E. F. S. *Sistematização e aplicação dos recursos facilitadores de aprendizagem significativa ausubelianos, em uma situação de sala de aula*. Dissertação (Mestrado em Psicologia da Educação) — Pontifícia Universidade Católica, São Paulo, 1976.

_____. *Ação da psicologia na escola*. São Paulo: Cortez/Moraes, 1978. [3. ed. 2002, Moraes.]

_____. Aprendizagem totalizante. *Informativo ABD*, revista de Associação Brasileira de Dislexia, ano II, n. 9, 1984.

_____. *Aconselhamento escolar*: uma proposta alternativa. São Paulo: Loyola, 1984b.

_____. Problema de aprendizagem: o que é isso? Confusões em um processo pouco conhecido. *Boletim*, São Paulo, Associação Brasileira de Psicopedagogia, ano 5, n. 11, p. 31-42, ago. 1986.

O PSICOPEDAGOGO NA ESCOLA 139

MASINI, E. F. S. *Enfoque fenomenológico de Pesquisa em Educação*. Fazenda I — Metodologia da Pesquisa em Educação. São Paulo: Cortez, 1989.

_____. *Psicopedagogia na escola*: buscando condições para a aprendizagem significativa. São Paulo: Loyola/Editora Unimarco, 1993.

_____ (Org.). *Cadernos de Pós-graduação*, Programa de Distúrbios do Desenvolvimento, São Paulo, Mackenzie, v. I, n. 2, nov. 1998.

_____. O ato de aprender. In: CICLO DE ESTUDOS DE PSICOPEDAGOGIA MACKENZIE, 1., São Paulo, Menon/Mackenzie, 1999.

_____. *Aprendizagem totalizante*. São Paulo: Menon/Mackenzie, 2000.

_____. Ação psicopedagógica. In: CICLO DE ESTUDOS DE PSICOPEDAGOGIA MACKENZIE, 2., São Paulo, Menon/Mackenzie, 2000.

_____. O aprender e o não aprender: psicopedagogia, identidade e especificidade. In: CICLO DE ESTUDOS DE PSICOPEDAGOGIA MACKENZIE, 5., São Paulo, Vetor, 2008.

_____; BAPTISTA, M. T. D. S. Centro de Atendimento Educacional (Cape). *Revista Marco*, ano 9, n. 5, 1º sem. 1988.

_____; SHIRAHIGE, E. E. (Orgs.). Condições para aprender. In: CICLO DE ESTUDOS DE PSICOPEDAGOGIA MACKENZIE, 3., São Paulo, Menon/Mackenzie, 2003.

_____; _____; NEVES, S. P. Uma jornada de reflexão sobre a prática em psicopedagogia. In: CICLO DE ESTUDOS DE PSICOPEDAGOGIA MACKENZIE, 4., São Paulo, Vetor, 2005.

MAUCO, G. L'inadaptation scolaire et sociale et ses remêdes. *Cahiers de pedagogie moderne*. Paris: Lib. Armand Collin, 1964. (Col. Bourrelier.)

MAY, R. *Eros e repressão*: amor e vontade. Petrópolis: Vozes, 1973.

MEDNICK, S. A. *Aprendizagem*. 3. ed. Rio de Janeiro: Zahar, 1971. [Original em inglês, 1964.]

MOOJEN, S. Dificuldades ou transtornos de aprendizagem? In: RUBSTEIN, E. R. (Org.). *Psicopedagogia*: fundamentos para a construção de um estilo. São Paulo: Casa do Psicólogo, 2006.

MORAES, Genny Colubi. *Coordenação da leitura e da escrita*, fases I e II (manual). São Paulo: Vetor/Editora Psicopedagógica, 1973. [Reeditado em 1987.]

_____ [1981]. *Prontidão gráfica*. ed. rev. e aum. São Paulo: Cortez/Vetor/Editora Psicopedagógica, 1987.

MORAES, Genny Colubi; POPPOVIC, Ana Maria. *Prontidão para alfabetização*. São Paulo: Vetor, 1966.

MOREIRA, M. A.; MASINI, E. F. S. *Aprendizagem significativa*: a teoria de David Ausubel. São Paulo: Moraes, 1982.

MORIN, E. *Introdução ao pensamento complexo*. 3. ed. Tradução de Eliane Lisboa. Porto Alegre: Sulina, 2007. [Original em francês, 2005.]

MORIN, E. *A cabeça bem-feita*: repensar a reforma reformar o pensamento. 14. ed. Tradução de Eloá Jacobina. Rio de Janeiro: Bertrand Brasil, 2008. [Original em francês, 1999.]

MOTA, A. A. S.; SENA, C. C. B. Transtorno global do desenvolvimento do espectro autista: a inclusão de crianças autistas na rede regular de ensino e a atuação do professor de apoio. *Re-*

vista Psicopedagogia, ABPp. Disponível em: <http://www.abpp. com.br/normas_revista.htm>. Acesso em: 15 maio 2014.

NOFFS, N. A. A Regulamentação e o exercício da atividade em psicopedagogia no Brasil. Disponível em: <htpp://www.abpp. com.br/artigos/94.htm>. Acesso em: 24 out. 2010.

OLIVEIRA, M. K. *Vygotsky*. São Paulo: Scipione, 1993.

OLIVEIRA NETO, L. A. *Aprendizagem e recuperação*: um enfoque operativo. São Paulo: Centro de Estudos Psicoeducacionais Persona, 1976.

ORMELEZI, E. Intercâmbio de ideias sobre a problemática das entrevistas: contribuições específicas da psicopedagogia na escola. In: MASINI, E. F. S.. *O aprender e o não aprender*: psicopedagogia, identidade e especificidade. [V Ciclo de Estudos de Psicopedagogia Mackenzie.] São Paulo: Vetor, 2008.

PATTO, M. H. S. O fracasso escolar como objeto de estudo: anotações sobre as características de um discurso. *Cadernos de Pesquisa*, São Paulo, Carlos Chagas, p. 72-7, 1988.

PATTO, Maria Helena S. *A produção do fracasso escolar*: história de submissão e rebeldia. São Paulo: T. A. Queiroz, 1990.

PENA-RUIZ, H. *Qu'est-ce que l'ecole*. Paris: Gallimard, 2005.

POPPOVIC, Ana Maria. A escola, a criança culturalmente marginalizada e a comunidade. *Cadernos de Pesquisa*, São Paulo, Carlos Chagas, n. 30, set. 1979.

_____. Programa Alfa: um currículo de orientação cognitiva para as primeiras séries do 1º grau inclusive crianças culturalmente marginalizadas visando ao processo ensino-aprendizagem. *Cadernos de Pesquisa*, São Paulo, Carlos Chagas, n. 21, jun. 1977.

POPPOVIC, Ana Maria. *Estudo da Evolução de Alguns Conceitos Espaciais em Pré-Escolares Cadernos de Pesquisa*, São Paulo, Carlos Chagas, n. 10, ago. 1974.

_____. Fatores ambientais, classe social e realização escolar na marginalização cultural. *Cadernos de Pesquisa*, São Paulo, Carlos Chagas, n. 6, dez. 1972.

_____. Alfabetização: um problema interdisciplinar. *Cadernos de Pesquisa*, São Paulo, Carlos Chagas, n. 2, nov. 1971.

POSTMAN, N.; WEINGARTNER, C. *Contestação*: nova fórmula de ensino. 3. ed. Tradução de Álvaro Cabral. Rio de Janeiro: Expressão e Cultura, 1974. [Original em inglês, 1969.]

REVISTA ESCOLA PÚBLICA. *Ensino médio reprovado*: queda na evasão é um dos fatores. Disponível em: <http://www. revistaescolapublica.uol.com.br/.../ensino-medio-reprovado>. Acesso em: 23 jun. 2012.

RONCA, A. C. C. *O efeito dos organizadores prévios na aprendizagem significativa de textos didáticos*. Dissertação (Mestrado em Psicologia) — Pontifícia Universidade Católica, São Paulo, 1976.

RUBNSTEIN, Edith. *A psicopedagogia no Brasil*: uma possível leitura. Disponível em: <http://espaopsicopedagogico.blogspot. com.br/2010/01/psicopedagogia-no-brasil-uma-possivel.html>. Acesso em: 12 jan. 2014.

SAAD, A. *Proposta de um modelo instrucional fundamentada na teoria de Gagné*. Tese (Livre Docência em Ensino de Ciências) — Universidade Federal de Goiás, 1977.

SALOMÉ, Jacques. *La difficulté d'enseigner*. Paris: Albin Michel, 2004.

SALOMON, S. Processo psicopedagógico de desenvolvimento da eficiência visual de adultos com visão subnormal. In:

MASINI, E. F. S.; SHIRAHIGE, E. E. (Orgs.) *Condições para aprender*. [III Ciclo de Estudos de Psicopedagogia Mackenzie.] São Paulo: Menon/Mackenzie, 2003.

SCOZ, Beatriz. *Psicopedagogia e realidade escolar*: o problema escolar e de aprendizagem. Petrópolis: Vozes, 1994.

SHIRAHIGE, Elena Etsuko. Psicopedagogia na Escola. In: MASINI, Elcie F. Salzano (Org.). *A ação psicopedagógica*. São Paulo: Memnon/Mackenzie, 2000.

SOARES, Matheus; SENA, Clério Cezar Batista. *A contribuição do psicopedagogo no contexto escolar*. Disponível em: <http://www.abpp.com.br/artigos/108.html/>. Acesso em: 12 jan. 2014.

TURATO, E. R. Tratado da metodologia da pesquisa clínico — qualitativa: construção teórica — epistemológica, discussão comparada e aplicação na área da saúde e humanas. Petrópolis: Vozes, 2003.

VASQUEZ, A.; OURY, F. *Vers une pédagogie institutionnelle*. Paris: François Maspero, 1977.

VISCA, J. *Clínica psicopedagógica*: pedagogia convergente. São José dos Campos: Editora Pulso, 1985.

WEISS, Maria Lúcia L. Psicopedagogia institucional: controvérsias, possibilidades e limites. In: SARGO, C. et al. *A práxis da psicopedagogia*. São Paulo: ABPp, 1994.

WHITE, M. A.; HARRIS, M. W. *The school psychologist*. New York: Harper and Brothers, 1961.

GRÁFICA PAYM
Tel. [11] 4392-3344
paym@graficapaym.com.br